Eva Radlicki wurde 1959 in Mainz geboren und studierte Erziehungswissenschaften und Germanistik in Trier. Seit 1988 arbeitet sie für logo!, die Kindernachrichten-Sendung des ZDF. 1992 übernahm sie die Leitung der Sendung, 1998 wurde sie Leiterin der Redaktionsgruppe Information im Programmbereich Kinder und Jugend, zu der neben logo! alle Informationsprogramme für Kinder gehören.

Eva Radlicki (Hg.)

Das Nachrichtenlexikon
Die Welt von A bis Zebra

Büchergilde Gutenberg

www.buechergilde.de

Lizenzausgabe für die Büchergilde Gutenberg,
Frankfurt am Main, Wien und Zürich
Mit freundlicher Genehmigung der
S. Fischer Verlags GmbH, Frankfurt am Main
© 2006 ZDF Enterprises GmbH, Mainz
Alle Rechte vorbehalten
Für die Buchausgabe:
© Fischer Taschenbuch Verlag in der S. Fischer Verlag GmbH,
Frankfurt am Main 2006
Bildauswahl: Jana Freudenberger/Julia Hanauer
Bildnachweis am Ende des Buches
Umschlaggestaltung: Bilek, Krämer & Co
unter Verwendung einer Graphik von ZDF Enterprises
Typographie/Herstellung: A. Johannsen, Frankfurt a.M.
Satz: MedienTeam Berger, Ellwangen
Druck und Bindung: Ebner & Spiegel, Ulm
Printed in Germany 2006
ISBN 3-7632-5704-7

Nach den Regeln der neuen Rechtschreibung

Vorwort

Vorwort

Als Kind hat es mich immer wütend gemacht, wenn Erwachsene gesagt haben: »Das verstehst du noch nicht, dafür bist du noch zu klein!« Zum Glück musste ich mir diesen Spruch nicht so oft anhören. Wenn ich etwas wissen wollte, habe ich meinen Papa gefragt – und der hat versucht, mir die Welt zu erklären – besonders die Politik. Ich wusste also: Wenn Erwachsene sich Mühe geben, dann können sie auch komplizierte Sachen einfach erklären.
Als ich später selber erwachsen war, waren die Kindernachrichten logo! gerade erfunden worden und ich war total glücklich, in der logo!-Redaktion arbeiten zu können. Denn auch wenn ich mich seit meiner Kindheit natürlich verändert habe – eine Überzeugung ist immer geblieben: Kinder verstehen vieles, wenn man es ihnen gut erklärt.
Ich finde es wichtig, dass Kinder wissen, was auf der Welt passiert. Denn nur wer Bescheid weiß, kann auch mitreden und sich selbst eine Meinung bilden. Deshalb sind Nachrichten und Lexika für Kinder und Jugendliche eine super Sache.
In der Kindernachrichtensendung logo! wird jeden Tag über etwas anderes berichtet. Eine Auswahl der Erklärungen, die in der Sendung zu sehen waren, findet man zusammen mit einigen neuen Stichworten in diesem Lexikon.
Natürlich ändern sich viele Dinge sehr schnell. Wenn in diesem Lexikon also mal etwas drinstehen sollte, das sich mittlerweile schon geändert hat, dann findet man ganz aktuelle Informationen dazu auch im Internet bei logo!-online unter www.logo.tivi.de.

Viel Spaß beim Stöbern von A bis Zebra!

Eva Radlicki

Wie benutzt man das logo!-Lexikon?

Sachregister

Kyoto-Protokoll 134, **137** ff., 184
KZ → Konzentrationslager

L
Landesregierung 39 f., 85 f., **139** f.
Links und Rechts in der Politik **140** ff.
logo! 131, **142** f., 198

M
Mehrwertsteuer 177 f.
Menschenrechte 52, 66, 78, 82, 88, 101, **143** f., 188
Minister 36, 41 f., **145** f.
Ministerpräsident 40
Mobbing **146** f.
Monarchie **147** f., 174
Moschee 117

N
Nationalsozialismus 102, 110, 124, 137, **149** ff.
NATO **152** f., 175
Neonazis 17, 170 f.
Nobelpreis **154** f., 188

O
Olympische Spiele **155** ff.
OPEC 74, **157** f.
Opposition **158**
Oscar **159** f.

P
Papst 50, **160** ff.
Paralympics 156 f.
Parlament 42, 78 f., 82, 130, 140

Partei 36, 38, 43, 45, 58, 89, 91, 101, 135, 158, **162** f., 165, 170 f., 174, 191
PISA-Studie **163** f.
Politik 41 f., 44, 56, 65, 86, 89, 92, 129, 135, 140, 148, 158, **165**, 169, 171, 175

R
Ramadan 117, **166** f.
Raumfahrt **167** ff., 175
Rebellen **169** f.
Rechts → Links und Rechts in der Politik
Rechtsextremismus → Rechtsradikalismus
Rechtsradikalismus **170** ff.
Regierung → Bundesregierung, Landesregierung
Reichspogromnacht 150
Richterskala 71

S
Schießbefehl 54 f.
Seismograph 72 f.
Selbstmordattentat 103 f.
Sexueller Missbrauch **172** f.
Siebzehnter Juni 55
Siegermächte 60 f., 175
Solarenergie 75
Staatsbesuch 37, 148, **176** f.
Staatsoberhaupt 37, 147
Steuern 145, 165, **177** f., 179
Strom 22 ff., 28, 73, 75
Subventionen **178** ff.
Synagoge 17, 122

204

Eine Beispielseite aus dem Register

Wie benutzt man das logo!-Lexikon?

Wie benutzt man das logo!-Lexikon?

Man kann das Lexikon einfach von vorne bis hinten durchlesen.
Oder man schlägt es mittendrin auf und fängt dort an.
Die Stichworte sind – wie in jedem Lexikon – alphabetisch sortiert.
Oben auf den Seiten steht immer, bei welchem Buchstaben man gerade ist.

Wer nicht alle Stichworte von A bis Z durchlesen will, hat noch eine andere Möglichkeit, das Lexikon zu benutzen: Wenn man zum Beispiel im Radio oder im Fernsehen das Wort »Demokratie« hört, aber nicht genau weiß, was das eigentlich ist, kann man ganz hinten im Lexikon im Register unter **D** – wie **Demokratie** nach dem Begriff suchen.
Ein Register ist eine lange Liste mit allen Stichworten, die in einem Lexikon vorkommen. Die Liste ist alphabetisch sortiert.

Fett gedruckt ist ein Stichwort im Register immer dann, wenn es dazu eine ausführliche Erklärung gibt. Die Stichworte, die nicht fett gedruckt sind, kommen in den anderen Erklärungen mit vor. Wenn also zum Beispiel das Stichwort **»Zebra«** fett gedruckt ist, gibt es dazu eine eigene Erklärung, das Stichwort »Kindernachrichten« ist nicht fett gedruckt, es taucht aber unter »Zebra« auf und kommt auch beim Stichwort »logo!« vor.

Die Stichworte hinten im Lexikon sind sortiert: Es gibt ein Personenregister, ein Länderregister und ein Sachregister. Eine Person steht also im Personenregister, ein Land im Länderregister und alle anderen Stichworte stehen im Sachregister.
Bei Personen gilt der Buchstabe des Nachnamens – Angela Merkel steht also unter **M** wie **Merkel**, Angela.

Es kann auch vorkommen, dass hinter einem Stichwort keine Seitenzahl, sondern ein Pfeil → und ein anderes Stichwort stehen, wie zum Beispiel bei Holland → Niederlande. Das bedeutet, dass man unter dem Stichwort Niederlande nachsehen muss, um die Seitenzahl für die gesuchte Erklärung zu finden.

Wie benutzt man das logo!-Lexikon?

Ein f. hinter einer Seitenzahl bedeutet, dass die Erklärung zu diesem Stichwort auf der genannten Seite und der darauf folgenden Seite zu finden ist. Ein doppeltes f., also ein ff., bedeutet, dass die Erklärung auf dieser Seite und auf mehreren darauf folgenden Seiten steht.

Ein Pfeil → mitten in einem Text bedeutet, dass das Wort hinter dem Pfeil im Lexikon an anderer Stelle ausführlich erklärt wird. Man findet es dann unter seinem Anfangsbuchstaben.

Das hört sich alles ganz schön kompliziert an, aber mit etwas Übung wird man schnell zum Lexikon-Profi – los geht's!

PS: Wenn im Lexikon zum Beispiel von den Politikern die Rede ist, sind natürlich immer auch die Politikerinnen gemeint. Weil es sonst sehr umständlich wäre, wird immer der männliche Begriff benutzt, das bedeutet aber nicht, dass dann nur Männer gemeint sind. Wenn zum Beispiel in einem Text steht, dass die Schüler gute Ergebnisse erzielt haben, sind also auch die Schülerinnen gemeint.

Adoption

Adoption ist ein Wort aus dem Lateinischen und bedeutet übersetzt »Annahme«. Wenn Erwachsene ein Kind annehmen, spricht man von Adoption. Sie sind dann die Adoptiveltern, nicht die leiblichen Eltern. Leibliche Eltern sind die Eltern, die das Kind gezeugt haben. Sobald die Adoption von einem Gericht für gültig erklärt wurde, bekommt das Kind den Nachnamen der Adoptiveltern. Der Nachname der leiblichen Eltern fällt weg.

Seit wann gibt es Adoptionen?

Adoptionen gab es schon in der Antike, also vor mehr als 2.000 Jahren. Damals nahmen vor allem reiche Paare, die selbst keine Kinder bekommen konnten, Kinder zu sich. Damit wollten sie dafür sorgen, dass ihre Familie weiterexistiert. Es ging also mehr um das Interesse der Paare als um das der Kinder. Heute ist das anders. Es geht darum, gute Eltern für ein Adoptivkind zu finden. Dabei passt das Jugendamt auf, dass es dem Kind in der neuen Familie gut geht.

Es gibt verschiedene Gründe, warum ein Kind neue Eltern braucht. Zum Beispiel: Die leiblichen Eltern sind bei der Geburt des Kindes so jung, dass sie noch kein Kind großziehen können. Oder die Eltern sind sehr arm oder krank und geben deshalb ihr Kind zur Adoption frei. Bei anderen Kindern sind die Eltern gestorben.
Es gibt auch Kinder, die von ihren leiblichen Eltern getrennt werden, weil sie von ihnen geschlagen und misshandelt wurden. Für diese Kinder werden dann gute Adoptiveltern gesucht. Wenn eine Adoption erfolgreich war, hat das Kind die gleichen Rechte wie Kinder, die in eine Familie geboren werden. Es bekommt auch den Nachnamen der Adoptiveltern.

Regeln für eine Adoption

Paare, die Adoptiveltern werden wollen, müssen bestimmte Bedingungen erfüllen: Einer von beiden muss mindestens 25 Jahre alt und ganz gesund sein. Außerdem muss er oder sie genug Geld verdienen, um gut für das Kind sorgen zu können.
In Deutschland gibt es viel mehr Paare, die sich ein Adoptivkind wünschen, als Kinder, für die

Adoption

Eltern gesucht werden. Manchmal warten Paare deshalb jahrelang auf ein Adoptivkind. Deswegen versuchen manche Paare in Deutschland Kinder aus dem Ausland zu adoptieren. In ärmeren Ländern haben manche Kinder kein Zuhause, weil ihre Eltern gestorben sind oder weil die Eltern zu wenig Geld haben, um für sie zu sorgen. Diese Kinder könnten dann neue Eltern in Deutschland bekommen. Bei Adoptionen aus dem Ausland müssen ebenfalls strenge Regeln beachtet werden.

Schutz vor Kinderhandel

Weil das Adoptionsverfahren sehr lange dauert, sind manche Paare bereit, viel Geld zu bezahlen, um schneller ein Kind zu bekommen. In manchen Ländern funktioniert das auch. Es gibt dort Eltern, die sind so arm, dass sie ihre Kinder verkaufen. Deswegen denken viele bei dem Thema Adoption aus dem Ausland auch an → Kinderhandel und sagen: »Ein Kind ist ja nicht dasselbe wie ein Hund, den man einfach kaufen kann, wenn man einen will.« Es ist in Deutschland streng verboten, Kinder zu verkaufen und zu kaufen.
Um Kinderhandel zu verhindern, hat Deutschland 2001 einen Vertrag mit vielen Ländern unterschrieben: das »Haager Übereinkommen«. Darin versprechen die Länder, darauf aufzupassen, dass die Adoption nach bestimmten Regeln abläuft. Am wichtigsten ist, dass die Adoptivkinder ein gutes Zuhause bekommen. Wenn die leiblichen Eltern des Kindes noch leben, müssen sie mit der Adoption auch wirklich einverstanden sein. Ist ein Kind älter als 14 Jahre, kann es selbst entscheiden, ob es in eine neue Familie will.

Afghanistan

Afghanistan ist ein Land in Asien. Es liegt rund 4.000 Kilometer von Deutschland entfernt und ist eines der ärmsten Länder der Welt. Afghanistan ist fast doppelt so groß wie Deutschland, es leben aber deutlich weniger Menschen dort als bei uns: ca. 27 Millionen. In Deutschland sind es mehr als 82 Millionen. Die größte Stadt in Afghanistan ist Kabul. Sie ist auch gleichzeitig die Hauptstadt.
Den meisten Menschen in Afghanistan geht es sehr schlecht, weil es in diesem Land sehr lange
→ Bürgerkrieg gab.
Nach dem Bürgerkrieg in Afghanistan beherrschten die Taliban das Land. Die Taliban sind fundamentalistische Anhänger des
→ Islam (→ Fundamentalismus). Afghanistan musste unter ihrer Herrschaft nach sehr strengen religiösen Regeln leben: Männer mussten Bärte tragen, Musik, Sport und Fernsehen waren verboten. Frauen hatten fast keine Rechte, sie durften keinen Beruf haben und mussten sich völlig verschleiern. Mädchen durften nicht zur Schule gehen.
Die Taliban haben auch den Terroristen der → El Kaida Unterschlupf gewährt. Nach den Terroranschlägen vom → 11. September 2001 in den USA hat der amerikanische Präsident George Bush zum »Krieg gegen den → Terrorismus« aufgerufen. Die USA und ihre Verbündeten haben Afghanistan angegriffen. Dieser Krieg hat die Herrschaft der Taliban beendet.
Den Anführer der Terroristen, Osama Bin Laden, haben die Soldaten der USA in Afghanistan aber nicht gefunden. Die amerikanischen Soldaten suchen weiter nach ihm und anderen Terroristen.
Auch die → Bundeswehr hat im Dezember 2001 Soldaten nach Afghanistan geschickt. Sie sind Teil einer internationalen Truppe mit dem Namen ISAF. Die Soldaten sollen dabei helfen, das zerstörte Land wieder aufzubauen und sollen die neue Regierung von Afghanistan schützen. Mehrere deutsche Soldaten sind bei diesem Einsatz durch Angriffe gestorben. Denn auch wenn der Krieg vorbei ist, gibt es immer wieder Kämpfe

Bettelnde Kinder in Afghanistan

Afghanistan

A

zwischen verschiedenen Gruppen, die an die Macht wollen und die ausländischen Soldaten deshalb vertreiben wollen.
Die meisten Menschen in Afghanistan sind immer noch sehr arm. Es wurde dort fast alles zerstört, was für ein gutes Leben wichtig ist.

es aber leider immer noch so, dass Frauen und Mädchen als weniger wertvolle Menschen betrachtet werden. Die Menschen in Afghanistan müssen sich erst daran gewöhnen, dass Frauen die gleichen Rechte wie Männer haben.

Eine verschleierte Frau vor Wahlplakaten in Kabul

Nach dem Krieg haben auch Hilfsorganisationen den Menschen in Afghanistan geholfen. Sie haben dort Lager zum Wohnen aufgebaut und die Menschen mit Lebensmitteln und Medikamenten versorgt. Mittlerweile können die Kinder in Afghanistan wieder zur Schule gehen, auch die Mädchen. Oft ist

Aids

Aids ist eine Krankheit, die bis jetzt noch nicht geheilt werden kann und gegen die es keine Impfung gibt. Jemand, der Aids hat, wird deshalb irgendwann daran sterben.
Aids ist die Abkürzung für den englischen Ausdruck »Acquired Immune Deficiency Syndrome«. Auf deutsch heißt das »Erworbene Immunschwäche«. Aids wird durch ein Virus ausgelöst. Dieses Virus heißt »Humanes Immundefekt-Virus«, kurz HIV. Menschen, die das HI-Virus in sich tragen, nennt man HIV-positiv. Das klingt erst mal komisch, weil sich positiv doch gut anhört. In der Medizin bedeutet ein positiver Test aber, dass man im Blut etwas gefunden hat – bei Aids eben das HI-Virus. Wer sich mit dem HI-Virus angesteckt hat, merkt häufig viele Jahre lang nichts davon. Doch nach und nach zerstört das HI-Virus das Immunsystem des Menschen.

Was ist das Immunsystem?

Das Immunsystem ist eine Art Gesundheitspolizei des menschlichen Körpers. Es sorgt dafür, dass sich unser Körper gegen Krankheiten wehrt und sie bekämpft, damit wir wieder gesund werden. Dafür muss das Immunsystem fit und stark sein. Wenn jemand HIV-positiv ist, wird sein Immunsystem dadurch über Jahre hinweg immer schwächer und der Körper kann sich nicht mehr wehren. Selbst eine normale Erkältung kann dann für diesen Menschen sehr gefährlich werden.
Erst wenn der Körper durch den HI-Virus sehr stark geschwächt ist und mehrere Krankheiten ausgebrochen sind, spricht man davon, dass ein Mensch Aids hat. Für Aids gibt es kein Heilmittel. Die Krankheit kann nur hinausgezögert werden. Dafür muss die HIV-positive Person sehr viele Medikamente nehmen, die oft schlimme Nebenwirkungen haben.

Wie steckt man sich mit Aids an?

Das HI-Virus kommt vor allem im Blut, in der Samenflüssigkeit des Mannes und in der Scheidenflüssigkeit der Frau vor. Über

Aids

A

diese Körperflüssigkeiten kann man sich mit dem HI-Virus anstecken. Sehr groß ist die Ansteckungsgefahr beim Sex, also dann, wenn mit dem HI-Virus infizierte Samen- oder Scheidenflüssigkeit von dem Körper eines Menschen in den Körper eines anderen gelangt. Über das Blut kann man sich nur infizieren, wenn das Blut eines HIV-positiven Menschen in Verbindung mit dem Blut eines gesunden Menschen kommt, zum Beispiel in eine Wunde.

Jeder kann sich schützen

Gegen das HI-Virus kann man sich einfach schützen. Beim Sex kann man das mit Kondomen tun. Ein Kondom ist eine Gummihaut, die sich der Mann vor dem

Sex über den Penis streift. Das HI-Virus kann durch das Gummi nicht hindurch. Ärzte schützen sich bei Operationen mit Handschuhen.

Davor muss man keine Angst haben

Die Gefahr, sich im alltäglichen Leben mit dem HI-Virus anzustecken, ist sehr gering. Das HI-Virus bekommt man
- nicht über die Luft
- nicht beim Händeschütteln
- nicht beim gemeinsamen Spielen
- nicht durch gemeinsames Benutzen von Geschirr, Besteck oder derselben Toilette
- nicht durch Stechmücken oder andere Tiere
- nicht beim Küssen

Auch wenn man Aids nicht heilen kann, gibt es in Deutschland und Europa Medikamente, die den Kranken helfen, relativ lange mit der Krankheit zu leben. In Afrika, wo die meisten Aidskranken leben, gibt es fast keine dieser Medikamente. Sie sind zu teuer. In Afrika werden viele Kinder schon mit dem HI-Virus geboren, weil ihre Eltern Aids haben. Das Kinderhilfswerk → UNICEF fordert deshalb, spezielle Medikamente für Kinder zu entwickeln und die Medikamente für die Erwachsenen in Afrika billiger zu verkaufen. Jedes Jahr am 1. Dezember ist Weltaidstag. Auf vielen Veranstaltungen wird an diesem Tag an die Nöte der Menschen mit

Aktien

Aids erinnert und darüber nachgedacht, wie man helfen kann. Das Zeichen für den Kampf gegen Aids ist eine rote Schleife.

Aktien

Eine Aktie ist ein Papier, auf dem steht, dass man einen Teil einer Firma oder eines Unternehmens besitzt.
So ein Unternehmen ist zum Beispiel die Post. Kauft man eine Post-Aktie, besitzt man also einen kleinen Teil der Post. Das ist kein bestimmtes Teil, wie zum Beispiel ein Briefkasten, sondern man ist einer von vielen Besitzern der großen Firma Post als Ganzes. Es gibt aber auch Aktien von großen Autofirmen, hat man eine solche Aktie, gehört einem ein kleiner Teil der großen Autofirma.
Aktien kann man an der Börse kaufen und verkaufen. Die Börse ist also so etwas wie ein Marktplatz für Aktien – auch wenn nicht jeder einfach mit seiner Aktie dorthin gehen kann, da der Handel über Computer läuft. Käufe und Verkäufe werden von den Mitarbeitern der Börse, den Börsenmaklern, erledigt.

Aktien

Beim Handeln mit den Aktien kann es sein, dass der Wert einer Aktie steigt oder fällt. Wenn der Wert steigt, kostet die Aktie mehr. Wenn der Wert der Aktie fällt, kostet die Aktie weniger.

Warum steigt und fällt der Wert einer Aktie?

Die Leute, die Aktien kaufen, werden Mitbesitzer der Firma. Wenn es der Firma gut geht und sie viel Geld verdient, bekommen sie als Mitbesitzer einen Teil des Gewinns. Wenn die Autofirma also viele Autos verkauft und damit viel verdient, dann verdient damit auch der Aktienbesitzer – weil sein Teil der Firma dann mehr wert ist.
Wenn eine Firma gute Gewinne macht, wollen viele Menschen Mitbesitzer dieser Firma sein, um auch einen Teil des Gewinns zu bekommen. Je mehr Leute Aktien der Firma haben wollen, desto mehr kostet diese Aktie dann.
Wenn es der Firma aber schlecht geht und sie nur wenig Geld verdient oder gar keines, bekommen die Aktienbesitzer nur noch wenig oder sogar gar kein Geld mehr von der Firma. Logisch, dass die Aktienbesitzer dann ihre Aktien von der schlechten Firma lieber wieder verkaufen wollen. Weil aber kaum noch jemand Aktien von einer Firma haben will, wenn sie keine Gewinne macht, bekommen die Aktienbesitzer nur noch wenig Geld für ihre Aktie.

Antisemitismus

Die Vorsilbe »Anti« heißt »gegen«, also bedeutet Antisemitismus »gegen Semiten«. Als Semiten werden Menschen bezeichnet, die eine semitische Sprache sprechen. Der Begriff heißt also genau übersetzt, »gegen Menschen sein, die eine semitische Sprache sprechen«. Semitische Sprachen werden von verschiedenen Völkern gesprochen. Hebräisch ist eine semitische Sprache. Die heilige Schrift der Juden ist auf hebräisch geschrieben.
Hitler und die Nazis (➔ Nationalsozialismus) haben die Juden als Semiten bezeichnet. Sie haben gesagt, dass Juden weniger wert sind als andere Menschen und sie haben behauptet, dass die Juden an allem schuld sind, was schlecht läuft. Sie haben sie verfolgt und umgebracht. Die Nazis waren Antisemiten.
Antisemitismus bedeutet Feindschaft oder Hass gegen alle Menschen, die jüdischen Glaubens sind. Antisemiten behaupten zum Beispiel, dass alle Juden schlechte Menschen seien.
Was die Antisemiten sagen, ist natürlich nicht wahr. Juden sind nicht besser oder schlechter als alle anderen Menschen. Wie überall gibt es auch bei den Menschen mit jüdischem Glauben nette und nicht so nette Leute.
Leider gibt es auch viele Jahre nach der Herrschaft von Hitler in Deutschland immer noch Antisemiten, die sogar Gewalt anwenden: immer wieder werden jüdische Friedhöfe verwüstet oder Synagogen angegriffen – das sind die jüdischen Gebetshäuser.

Oder die Mitglieder jüdischer Gemeinden oder Schulen bekommen Drohbriefe. Verantwortlich dafür sind meistens Rechtsradikale (➔ Rechtsradikalismus) und Neonazis, die heute noch glauben, dass Hitler mit seinen Ideen Recht hatte.
Wer diese Meinung verbreitet, wer Menschen jüdischen Glaubens bedroht oder ihre Friedhöfe verwüstet, wird dafür bestraft und kann auch ins Gefängnis kommen.

Arbeitgeber und Arbeitnehmer

Arbeitgeber und Arbeitnehmer

Arbeitgeber nennt man diejenigen, die Arbeitsplätze zur Verfügung stellen. Wer also zum

Beispiel eine Fabrik besitzt, ist der Arbeitgeber für die Menschen, die dort arbeiten. Der Besitzer eines Kaufhauses ist der Arbeitgeber für die Verkäuferinnen und Verkäufer.
Auch der Staat ist Arbeitgeber: für die Beamten in den Behörden oder die Lehrerinnen und Lehrer an den Schulen. Man kann also sagen: der Arbeitgeber »gibt« Arbeitsplätze.

Als Arbeitnehmer bezeichnet man alle, die als Arbeiter, Angestellte oder Beamte arbeiten.

Sie »nehmen« die Arbeitsplätze, die die Arbeitgeber »geben«. Viele Arbeitnehmer schließen sich in → Gewerkschaften zusammen, um ihre Interessen gegenüber den Arbeitgebern vertreten zu können.

Arbeitslosigkeit

Arbeitslosigkeit

Wenn ihr morgens zur Schule müsst, gehen die meisten Erwachsenen zur Arbeit. Doch ungefähr fünf Millionen Menschen in Deutschland haben keine Arbeit. Sie sind arbeitslos. Die meisten von ihnen suchen verzweifelt einen Arbeitsplatz. Doch eine Arbeit zu finden ist gar nicht so einfach.

Probleme für Ältere

Viele Chefs suchen vor allem junge Leute, die schnell arbeiten und nicht so oft krank werden. Wer schon etwas älter ist, wird oft abgewiesen. Leute, die älter als 50 Jahre alt sind, haben oft gar keine Chance mehr, eine neue Arbeitsstelle zu finden.

Probleme für Jüngere

Auch junge Leute haben Probleme bei der Suche nach einem Arbeitsplatz. Weil so viele von ihnen eine Arbeit suchen, können die Chefs meist unter vielen Bewerbern für eine Stelle wählen. Wer schlechte Zeugnisse und keine Berufsausbildung hat, hat nur ganz wenige Chancen, irgendwo angestellt zu werden.

Vieles hängt vom Beruf ab

Es gibt Berufe, in denen es auch nichts nützt, jung und gut ausgebildet zu sein. Architekten finden zum Beispiel nur ganz schwer Jobs. Das liegt daran, dass zur Zeit nur wenige Häuser gebaut werden. Deshalb werden auch nur wenige Architekten gebraucht.

Auch wer zum Beispiel eine Ausbildung bei einer Bank gemacht hat, bekommt nicht sicher einen Arbeitsplatz. Viele Banken stellen Selbstbedienungsautomaten auf oder bitten ihre Kunden, ihr Konto über das Internet zu führen. Dadurch braucht die Bank weniger Leute an den Bankschaltern und an der

Arbeitslosigkeit

A

Kasse, die mit den Kunden reden und das Geld auszahlen.
Die Arbeitslosen haben keine Wahl. Sie müssen weiter nach einem Job suchen. Auch wenn sie immer wieder Absagen bekommen und darüber sehr enttäuscht sind.

nicht, dass die anderen Menschen in Deutschland alle arbeitslos sind. Es gibt eine ganze Menge Schüler, Kindergartenkinder, Studenten und viele Rentner – also alte Leute, die nicht mehr arbeiten müssen. Von diesen Menschen erwartet niemand, dass sie arbeiten. Auch Hausfrauen oder Hausmänner, die zu Hause kochen, putzen, waschen und sich um die Kinder kümmern, zählen nicht als Arbeitslose, solange sie keine Arbeitsstelle suchen.

In einigen Berufen gibt es noch Arbeitsplätze

Natürlich gibt es auch Arbeitslose, die Glück haben und einen Job finden. Bäcker und Fleischer zum Beispiel werden überall gebraucht. Wenn man aber zum Bankkaufmann ausgebildet wurde, ist man eben kein Bäcker und dann nützen einem diese freien Arbeitsplätze nichts.

Wie viele Arbeitslose gibt es?

In Deutschland leben über 82 Millionen Menschen. Ungefähr 38 Millionen von ihnen haben eine Arbeit. Das heißt

Asyl

Es gibt Menschen, die aus ihren Heimatländern fliehen müssen, weil sie dort bedroht werden oder weil dort Krieg ist.

Ein Asylbewerberheim in Rostock

Sie kommen nach Deutschland oder in andere sicherere Länder und beantragen dort Asyl. Das Wort »Asyl« kommt aus dem Griechischen und bedeutet so viel wie »Unterkunft«. Menschen, die in Deutschland Asyl suchen, wollen hier eine Unterkunft bekommen, also bei uns leben.
Jeder Flüchtling, der nach Europa einreisen darf, kann einen Antrag auf Asyl stellen. Der Antrag auf Asyl wird von den Behörden sehr genau geprüft. Das dauert eine ganze Zeit. Während dieser Zeit darf der Asylbewerber nicht arbeiten und er darf nicht wohnen, wo er will, sondern muss in besonderen Unterkünften leben und auf die Entscheidung warten. Das ist für die Asylbewerber eine schlimme Zeit.
Sobald entschieden ist, dass ein Flüchtling Asyl bekommt, darf er oder sie in Deutschland bleiben. Wenn nicht, wird er sofort wieder in das Heimatland zurückgeschickt.

Asyl in Deutschland

In Deutschland bekommen alle Flüchtlinge Asyl, die in ihren Heimatländern bedroht oder extrem ungerecht behandelt werden – so dass sie um ihr Leben fürchten müssen. Es gibt Länder, in denen Menschen verfolgt und unterdrückt werden, weil sie eine andere politische Meinung haben als die Regierung. Wenn sie können, flüchten diese Menschen, weil sie Angst um ihr

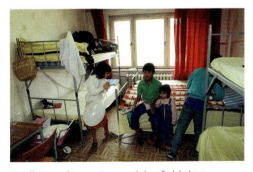

Asylbewerber müssen sich oft kleine Räume teilen

Leben haben. Sie kommen zum Beispiel nach Deutschland, weil sie hier sicher und geschützt

Atomkraftwerk

leben wollen. Menschen, die wegen ihrer politischen Meinung verfolgt werden, bekommen in Deutschland Asyl. Das steht so im → Grundgesetz, unserem wichtigsten Gesetz.
Kein Asyl bekommen Menschen, die in ihren Heimatländern zum Beispiel keine Arbeit oder nicht genug zu essen haben und die deshalb fliehen. Sie werden wieder zurück in ihre Heimatländer geschickt.
Große Organisationen wie zum Beispiel die → WHO bemühen sich darum, dass das Leben der Menschen in diesen armen Ländern der Erde besser wird, dass sie zum Beispiel nicht hungern müssen und versorgt sind, wenn sie krank werden.

Atomkraftwerk

Ein Teil des Stroms, den wir zum Beispiel für Lampen, Computer und andere elektrische Geräte brauchen, wird in Atomkraftwerken, abgekürzt AKWs, hergestellt. Sie heißen so, weil dort mit Hilfe von Atomen Strom gewonnen wird. Zur Zeit gibt es in Deutschland 17 Atomkraftwerke, die Strom erzeugen.

Atomkraftwerk am Hochrhein

Strom aus Atomen

Atome sind winzig kleine Teile, die mit dem Auge nicht sichtbar sind. Jedes Material auf der Welt besteht aus Atomen, es sind aber nicht immer dieselben. Aus manchen kann man Strom erzeugen, zum Beispiel aus Uranatomen. Das passiert in Atomkraftwerken. Dort werden die speziellen Atome gespalten, also geteilt. Wenn die Atome gespalten werden, entsteht sehr große Hitze. Mit dieser Hitze kann man dann Strom erzeugen.

Atomkraftwerk

Warum gibt es immer wieder Streit um Atomkraft?

Die speziellen Atome, aus denen in Atomkraftwerken Strom erzeugt wird, können auch gefährlich sein. Diese Atome strahlen nämlich radioaktiv. Von radioaktiven Strahlen kann man sehr krank werden oder sogar sterben. Deshalb gibt es für Atomkraftwerke strenge Sicherheitsvorkehrungen. Viele Menschen haben Angst, dass es Unfälle in Atomkraftwerken geben könnte. Sie befürchten, dass radioaktive Strahlen dann nach draußen dringen und die Menschen krank machen.
Die Chefs der Atomkraftwerke und verschiedene Politiker sagen, dass die deutschen Atomkraftwerke sehr sicher sind und dass ein Unfall eigentlich nicht passieren kann. In Deutschland wird die Sicherheit der Atomkraftwerke regelmäßig von Experten überprüft. Sie prüfen dabei nach strengen Regeln, die in ganz Deutschland gleich sind. Trotzdem sind viele Leute misstrauisch, vor allem, weil es in anderen Ländern schon sehr schlimme Unfälle mit Atomkraftwerken gegeben hat.

Der Atomkonsens

Die → Bundesregierung hat vor einigen Jahren beschlossen, dass alle Atomkraftwerke in Deutschland abgeschaltet werden sollen. Im Jahr 2001 haben die Politiker von der SPD und den Grünen – also von den → Parteien, die an der Regierung waren – und die Chefs der Atomkraftwerke einen Vertrag unterschrieben: den Atomkonsens-Vertrag.
Im Atomkonsens-Vertrag ist fest-

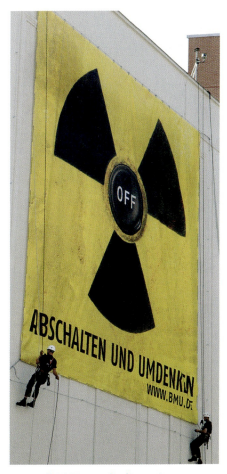

Im April 2005 wurde dieses Atomkraftwerk in Baden-Württemberg abgeschaltet

Atommüll

Atommüll

Bei der Stromerzeugung in
→ Atomkraftwerken entsteht
Atommüll. Das Problem ist, dass
Atommüll radioaktiv strahlt. Die
Strahlen kann man weder sehen
noch fühlen, aber sie können
Menschen sehr krank machen.
Sie verursachen zum Beispiel die
Krankheit Krebs.
Der radioaktive Müll aus den
Atomkraftwerken ist auch deshalb so gefährlich, weil er noch
viele tausend Jahre radioaktive
Strahlen abgibt. Damit diese
Strahlen nicht nach außen
gelangen können, wird Atommüll in speziellen Behältern aufbewahrt.

gelegt, dass die Atomkraftwerke
in Deutschland endgültig abgeschaltet werden sollen. Ein festes
Datum gibt es dafür aber nicht.
Jedes Atomkraftwerk wird erst
dann abgeschaltet, wenn es eine
bestimmte Menge Strom produziert hat.
Wird ein Atomkraftwerk früher
abgeschaltet, darf ein anderes
Atomkraftwerk dafür mehr produzieren, also auch länger in
Betrieb bleiben. Bis alle Atomkraftwerke in Deutschland ihre
erlaubte Strommenge produziert
haben und abgeschaltet werden
können, wird es ungefähr bis
zum Jahr 2020 dauern.
Das bedeutet aber nicht, dass wir
dann keinen Strom mehr haben.
Strom kann auch aus anderen
Energiequellen gewonnen
werden, zum Beispiel aus den
→ erneuerbaren Energien.

Den Behälter für Atommüll nennt
man Castor

Atommüll

Was passiert mit dem Atommüll?

Ein Teil des Atommülls kommt in spezielle Fabriken. Dort wird er wiederaufbereitet, also quasi recycelt. Solche Fabriken gibt es zum Beispiel in Großbritannien und Frankreich. Man nennt sie auch Wiederaufbereitungsanlagen.

Der restliche Atommüll wird in so genannte Zwischenlager gebracht und dort aufbewahrt. Ein solches Zwischenlager gibt es in der deutschen Stadt Gorleben. Egal ob Wiederaufbereitungsanlagen oder Zwischenlager: Der Atommüll muss vom Atomkraftwerk zuerst einmal dorthin transportiert werden. Dazu wird er in den Atomkraftwerken in spezielle Behälter geladen. So ein Atommüll-Behälter wird auch Castor genannt. Die Castoren mit dem radioaktiven Atommüll werden dann mit der Bahn und mit Lastwagen in die Fabriken oder ein Zwischenlager gebracht.

Viele Menschen sind gegen Atommüll-Transporte. Sie sind grundsätzlich gegen Atomkraft, weil sie der Meinung sind, dass es zu gefährlich ist, auf diese Weise Strom zu gewinnen. Sie befürchten zum Beispiel, dass aus den Atommüll-Behältern gefährliche Strahlen nach außen dringen könnten. Oder, dass beim Transport etwas passieren könnte – zum Beispiel, dass bei einem Unfall die Atommüll-Behälter kaputtgehen könnten. Wenn tatsächlich radioaktive Strahlen aus den Behältern nach draußen gelangen würden, würde das viele Menschen sehr krank machen. Experten sagen aber, dass die Atommüll-Behälter sehr sicher sind und dass alles getan wird, um Unfälle beim Transport zu verhindern.

Viele Menschen sind auch gegen die Zwischenlager in Deutschland. In Gorleben zum Beispiel protestieren immer wieder viele Leute dagegen, dass dort der Atommüll eingelagert wird. Denn der Müll gibt viele Jahre lang gefährliche Strahlen ab – und die Menschen glauben, dass

Proteste gegen einen Castortransport

der Atommüll in dem Lager in Gorleben auf Dauer nicht sicher aufbewahrt werden kann. Experten dagegen sagen, dass

Atommüll

A

die Lager sehr sicher sind, ständig kontrolliert werden und dass keine Strahlung nach außen dringen kann.

Wie geht es mit dem Atommüll weiter?

Radioaktiver Atommüll, der nach dem 1. Juli 2005 entsteht, soll nicht mehr wiederaufbereitet werden. Das heißt: Atommüll soll also nur noch entsorgt und so gelagert werden, dass die gefährliche radioaktive Strahlung nicht in die Umwelt gelangen kann. Dafür werden in der Nähe der Atomkraftwerke Zwischenlager gebaut. Dort bleibt der Atommüll dann so lange, bis er in ein Endlager gebracht werden kann. Dort soll er für immer bleiben. Tausende von Jahren, ja sogar Millionen von Jahren kann der Atommüll noch giftig strahlen und damit gefährlich für jeden sein, der damit in Berührung kommt. Deshalb muss er auf einem sicheren Gelände zum Beispiel unterirdisch gelagert werden, damit keine Strahlen nach außen dringen können.
Das Endlager muss auch bei
→ Erdbeben oder Flugzeugabstürzen absolut sicher sein. Solche Endlager, in denen der Atommüll für immer bleiben kann, gibt es in Deutschland aber bisher noch nicht. Wissenschaftler erforschen noch immer, wo Atommüll so tief in der Erde gelagert werden kann, dass die giftigen Strahlen nicht an die Erdoberfläche kommen können. Die Gesteinsschichten dort unten dürfen sich nicht bewegen und müssen vor Erdbeben sicher sein. An einigen Orten gab es bereits Probebohrungen. Bis aber ein richtiges Endlager entsteht, werden noch viele Jahre vergehen. So lange muss der Atommüll in Zwischenlagern wie Gorleben aufbewahrt werden.

Atomwaffen

Atomwaffen gehören zu den gefährlichsten Waffen der Welt. Wenn eine Atombombe explodiert, dann ist die Explosion viel größer und viel stärker als bei den meisten anderen Waffen. Atomwaffen sind deshalb so gefährlich, weil sie mit nur einer Explosion ein riesiges Gebiet für lange Zeit zerstören und viele tausend Menschen töten können. Die zerstörerische Kraft der Explosion breitet sich dabei sehr schnell aus – so schnell wie ein ICE auf Höchstgeschwindigkeit. In den Stunden nach der Explosion wird die Feuerwolke zwar langsamer, zieht aber immer noch weiter und richtet noch mehr Schäden an.

Gefährliche radioaktive Strahlung

Nicht nur die gewaltige Explosion einer Atombombe ist gefährlich. Es entstehen auch gefährliche radioaktive Strahlen. Diese Strahlen kann man weder sehen noch fühlen, aber sie können Menschen sehr krank machen und auch töten. Sie verursachen zum Beispiel die Krankheit Krebs.

Der Atomwaffensperrvertrag

189 Länder der Erde haben einen Vertrag geschlossen: den Atomwaffensperrvertrag. In diesem Vertrag steht, dass Atomwaffen für die meisten Länder verboten sind.
Atomwaffen sind die tödlichsten Waffen der Welt und es wäre sehr gefährlich, wenn alle Länder sich gegenseitig damit bedrohen würden. Durch den Vertrag sind Atomwaffen also sozusagen gesperrt.

Der ehemalige Außenminister Joschka Fischer mit dem UNO-Generalsekretär Kofi Annan bei einer Konferenz zum Atomwaffensperrvertrag.

Die Länder, die den Vertrag unterschrieben haben, dürfen keine Atomwaffen besitzen.
Jedes Land, das den Vertrag unterschrieben hat, verpflichtet sich, keine Atomwaffen zu kaufen oder zu bauen.
Außerdem steht im Atomwaf-

Atomwaffen

fensperrvertrag, dass kein Atommaterial an Länder verkauft werden darf, die damit Waffen bauen wollen. Also auch das Material für den Bau von Atomwaffen ist durch den Vertrag gesperrt. Ein Land darf also nur dann Atommaterial besitzen und verkaufen, wenn es friedlich genutzt werden soll – zum Beispiel, um damit in → Atomkraftwerken Strom zu gewinnen.
Das Problem: Es ist sehr schwierig zu kontrollieren, ob ein Land Atommaterial wirklich nur friedlich benutzt oder ob nicht doch heimlich Waffen damit gebaut werden.
Ob alle Länder den Vertrag einhalten, wird von einer speziellen Behörde überwacht, der »Internationalen Atomenergiebehörde«.

Atommaterial an die anderen weitergeben, solange nicht klar ist, dass es ausschließlich für Atomkraftwerke genutzt wird.

Jugendaktion gegen Atomwaffen. Die 59.000 Holzklötzchen bilden einen symbolischen Schutzwall.

Manche Länder dürfen Atomwaffen besitzen

Im Atomwaffensperrvertrag gibt es Ausnahmen. Die Länder, die schon vor dem Abschluss des Vertrages Atomwaffen besaßen, dürfen diese auch weiterhin besitzen. So kommt es, dass die USA, Russland, Großbritannien, Frankreich und China Atomwaffen haben. Diese Länder heißen deshalb auch die fünf Atommächte. Im Vertrag haben sie unterschrieben, dass sie kein

Auch andere Länder wollen Atomwaffen besitzen

Es gibt immer noch Länder, die den Atomwaffensperrvertrag nicht unterschrieben haben. Sie haben entweder schon Atomwaffen oder möchten gerne welche haben. → Israel, Indien und Pakistan zum Beispiel haben den Vertrag nicht unterschrieben und besitzen Atomwaffen. Beim Iran ist nicht klar, ob die Regierung das iranische Atommaterial

Berliner Mauer

nur für Atomkraftwerke nutzen möchte oder vielleicht doch auch Atomwaffen damit bauen will.

Berliner Mauer

Nach dem → Zweiten Weltkrieg, der 1945 endete, wurde Deutschland in vier Zonen aufgeteilt: in eine US-amerikanische, eine britische, eine französische und eine sowjetische Zone. Auch die Hauptstadt Berlin wurde aufge-

Hinweisschild: Sie verlassen den amerikanischen Sektor

teilt. 1949 wurden aus den vier Zonen zwei Staaten gegründet: die US-amerikanische, britische und französische Zone wurden zur Bundesrepublik Deutschland mit der Hauptstadt Bonn. Aus der sowjetischen Zone wurde die → Deutsche Demokratische Republik (DDR).

Streit um Berlin

Streit gab es um die ehemalige Hauptstadt Berlin. Sie lag jetzt nämlich mitten in der DDR. Großbritannien, Frankreich und die USA wollten nicht, dass die sowjetischen Politiker in Berlin

Berliner Mauer

alleine das Sagen hatten. Sie befürchteten, dass die ➔ Sowjetunion sonst vielleicht nicht nur in Berlin, sondern auch in ganz Deutschland alleine bestimmen wollte.

Die Teilung von Berlin

Der Streit der vier Länder um Berlin endete damit, dass die Stadt in zwei Teile geteilt wurde. Der Ostteil gehörte danach zur DDR und der Westteil zur Bundesrepublik Deutschland. Es gab also mitten in der DDR einen kleinen Teil – wie eine Insel – der zur Bundesrepublik Deutschland gehörte, eben West-Berlin.
Vor allem durch die Hilfe der USA ging es den Menschen in der Bundesrepublik Deutschland und in West-Berlin nach dem Krieg schneller wieder besser als den Menschen in der DDR und in Ost-Berlin.
Die Läden in der Bundesrepublik waren wieder gefüllt und auf den Märkten gab es auch wieder fast alles zu kaufen. In der DDR ging es den Menschen dagegen viel schlechter und sie verdienten viel weniger. Die ➔ Sowjetunion konnte die DDR nicht mit viel Geld unterstützen. Sie war nicht so reich wie die USA. Viele Menschen waren im Zweiten Weltkrieg gestorben und viele Fabriken waren zerstört worden.

Strenge Regeln in der DDR

Die Regierung der DDR war sehr streng. Die Menschen, die in der DDR lebten, durften kaum mitreden, was in ihrem Land passieren sollte.
Aus diesen Gründen kamen viele Menschen damals einfach über die Grenze aus der DDR in die Bundesrepublik. Von 1949 bis 1961 wanderten mehr als zwei Millionen Menschen in die Bundesrepublik aus. Das war für die Regierung der DDR ein großes Problem, weil vor allem junge und gut ausgebildete Leute das Land verließen.

Bau der Mauer

Die Politiker in der DDR hatten Angst, dass immer mehr Menschen aus ihrem Staat weggehen würden. Deshalb schlossen sie

die Grenze zur Bundesrepublik Deutschland. Am 13. August 1961 spannten sie Stacheldraht mitten durch Berlin und be-

Berliner Mauer

gannen damit, eine hohe Mauer zu bauen. Zusätzlich wurde die Grenze zwischen den beiden deutschen Staaten von Soldaten der DDR schwer bewacht. Kein Bürger der DDR sollte mehr in die Bundesrepublik Deutschland kommen können.

28 Jahre lang stand diese Mauer zwischen Ost- und West-Berlin. Auch die Bundesrepublik und die DDR waren durch eine schwer bewachte Grenze in zwei Teile gespalten. Freunde konnten sich nicht mehr treffen und auch Verwandte konnten sich nicht einfach so besuchen.

Lebensgefährliche Flucht

Immer mehr Menschen in der DDR waren mit ihrer Regierung unzufrieden. Sie wollten nicht mehr in ihrem Land eingeschlossen sein. Sie durften zum Beispiel nicht in andere Länder reisen – höchstens mit einer Ausnahmegenehmigung. Tausende Menschen versuchten deshalb, aus der DDR zu fliehen. Das war lebensgefährlich, weil die Grenze zwischen den beiden deutschen Staaten streng bewacht war. Die Soldaten an der Grenze hatten den Befehl, flüchtende Menschen zu erschießen. So wurden mehr als 1.000 Menschen auf der Flucht aus der DDR getötet.

Protest gegen die Mauer

Viele Jahre später begannen die Menschen, die in der DDR geblieben waren, offen auf der Straße gegen ihre Regierung zu demonstrieren. Nach und nach machten immer mehr Menschen bei diesen → Demonstrationen mit. Außerdem versuchten Politiker aus anderen Ländern, die DDR zu überreden, ihre Grenzen wieder zu öffnen.

Fall der Mauer

Der Druck auf die DDR-Regierung wurde immer größer, so dass sie schließlich aufgeben musste.

Ein Reststück der Berliner Mauer

Buddhismus

Die Berliner Mauer wurde am 9. November 1989 geöffnet. Nach 28 Jahren konnten die Menschen aus der DDR endlich wieder reisen, wohin sie wollten. Am 3. Oktober 1990 wurden die beiden deutschen Länder vereinigt. Seither gibt es nur noch die Bundesrepublik Deutschland mit der Hauptstadt Berlin. Die Mauer wurde abgerissen. Nur ein paar wenige Teile wurden zur Erinnerung an die deutsche Teilung stehen gelassen.

Buddhismus

Der Buddhismus ist eine der großen Weltreligionen. Etwa 300 Millionen Menschen sind Buddhisten. Die meisten von ihnen leben in den asiatischen Ländern Thailand, China, Birma, Vietnam und Japan. Auch in Europa gibt es etwa eine Million Buddhisten.

Buddhisten in Deutschland

Es gibt etwa 100.000 deutsche Buddhisten. In manchen deutschen Städten wurden deshalb buddhistische Tempel gebaut, zum Beispiel in Hamburg, München, Düsseldorf und Hannover.

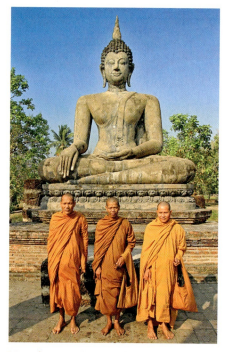

Mönche vor einer Buddha-Statue

Buddhismus

Ursprünglich kommt der Buddhismus aber aus Indien. Dort wurde er im Jahr 534 vor Christus von Siddharta Gautama gegründet.
Siddharta Gautama war der Sohn eines indischen Fürsten und lebte in einem Palast. Obwohl er alles hatte und sich um nichts Sorgen machen musste, war er nicht glücklich. Es heißt, dass er bei Ausflügen aus dem Palast einen alten Mann, einen Kranken, einen Toten und einen Bettler sah. Dieses Leid hatte ihn so berührt, dass er sein Leben ändern wollte. Deshalb ging er von zu Hause fort, machte sich viele Gedanken um Glück und Unglück und dachte viel über das ganze Leben nach.

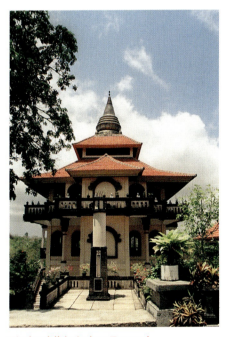

Ein buddhistischer Tempel

Buddha – der Erleuchtete

Die Buddhisten glauben, dass Siddharta Gautama dabei die »Erleuchtung« gefunden hat. Das bedeutet, dass er beim Nachdenken irgendwann alle Dinge über sich und die Welt verstanden hatte. »Erleuchtung« ist ein seltsames Wort, aber auch bei uns sagt man ja, dass jemandem »ein Licht aufgeht«, wenn er etwas erkennt. Seit seiner »Erleuchtung« trägt Gautama den Titel »Buddha«. Das bedeutet »der Erleuchtete«.
Nach seiner Erleuchtung lebte Buddha als Prediger und gründete eine Glaubensgemeinschaft.
Buddhisten glauben, dass alles in der Welt ein Kreislauf ist und die Menschen nach dem Tod immer wieder neu geboren werden. Es ist also nicht wie bei den Christen, die glauben, dass der Mensch nach seinem Tod in den Himmel oder in die Hölle kommt. Die Buddisten glauben, dass sie als Menschen, aber auch als Tiere oder Pflanzen wieder zurück auf die Welt kommen. Buddhisten wollen allerdings nicht endlos wiedergeboren werden – weil das Leben auf der Welt immer auch Leiden heißt. Ihr Ziel ist das

Bundesbank

Nirwana. Um das Nirwana zu erreichen, müssen Buddhisten sehr vorbildlich leben und viel Gutes tun. Wenn sie das geschafft haben, müssen sie nicht mehr wiedergeboren werden – sie sind dann im Nirwana. Das bedeutet übersetzt so viel wie »Erlöschen«.

Ein Leben lang Gutes tun

Wichtig sind für die Buddhisten ihre »Fünf Regeln«. Buddhisten sollen nicht töten, nicht stehlen und nicht lügen. Außerdem sollen sie nicht zuviel Sex haben und Alkohol und Drogen meiden. Das Motto der Buddhisten lautet also einfach gesagt: Tu Gutes, dann erreichst du das Nirwana.
Wenn Buddhisten sich schlecht verhalten und Böses tun, könnten sie im nächsten Leben zum Beispiel nicht als Mensch, sondern als Tier wiedergeboren werden, so sagt es ihr Glaube.

Bundesbank

Die Bundesbank steht in Frankfurt am Main. Dort arbeiten fast 15.000 Menschen. Die Bundesbank ist für Deutschland aus mehreren Gründen sehr wichtig.
Die Bundesbank ist für die Vergabe des Bargeldes zuständig, sie vergibt also die → Euro-Scheine und Euro-Münzen, mit denen wir jeden Tag bezahlen.

Die Bundesbank kann aber nicht einfach so viel Geld drucken und verteilen, wie sie möchte.
Es muss Folgendes berechnet werden: Es darf immer nur so viel Geld da sein, wie es Dinge zu kaufen gibt. Wenn es mehr Geld gibt als Waren, die man dafür kaufen kann, werden die Waren nämlich teurer.
Man kann sich das so vorstellen: Jeder Ware steht das entsprechende Geld gegenüber. Wenn nun zu viel Geld gedruckt würde, würden die Waren automatisch teurer. Der gleichen Anzahl an

Bundesbank

Waren stünde nämlich viel mehr Geld gegenüber.
Ein Beispiel: Eine Tafel Schokolade kostet 70 Cent – dieser Geldwert steht der Schokolade gegenüber. Wenn jetzt mehr Geld gedruckt würde, das der gleichen Anzahl vorhandener Waren, zum Beispiel Schokoladentafel gegenübersteht, würde die Schokolade vielleicht zehn Euro kosten!
Der Bundesbank-Chef Axel Weber spricht sich deshalb immer mit seinen Kollegen in den anderen europäischen Ländern ab, damit nicht zu viele Geldscheine und Münzen hergestellt werden.

Die Bundesbank gibt aber nicht nur die Scheine und Münzen heraus.
Sie verleiht auch an alle anderen Banken in Deutschland Geld. Diese Banken verleihen dann das Geld weiter, zum Beispiel an eure Eltern. Wenn die sich etwas ganz Teures, zum Beispiel ein neues Auto oder ein Haus, kaufen wollen, gehen sie zu einer dieser Banken, leihen sich dort Geld und bezahlen es später in kleinen Teilen zurück.
Eine weitere Aufgabe der Bundesbank ist die Überwachung anderer Banken. Die Bundesbank passt also auf, dass die Banken in Deutschland nicht zu viel Geld verleihen und dass sie darauf achten, es auch zurück zu bekommen, damit sie nicht pleite gehen.

Bundeskanzler

Bundeskanzler

Der Bundeskanzler ist der Chef der ➜ Bundesregierung. Seit November 2005 ist Angela Merkel die deutsche Bundeskanzlerin. Sie ist die erste Frau, die dieses Amt übernommen hat. Ihr Vorgänger war Gerhard Schröder. Angela Merkel ist für alles verantwortlich, was die Regierung macht.

Porträts der bisherigen deutschen Bundeskanzler

Gemeinsam mit den Bundesministern (➜ Minister) bestimmt der Bundeskanzler, was in Deutschland wie gemacht wird. Wenn ein Bundesminister eine andere Meinung hat als der Bundeskanzler, entscheidet der Bundeskanzler, was gemacht wird. Er hat immer das letzte Wort.

Wer wählt den Bundeskanzler?

Egal ob Bundeskanzler oder Bundeskanzlerin: er oder sie wird nicht direkt von den Menschen in Deutschland gewählt. Die Politiker des ➜ Bundestags wählen den Bundeskanzler. Normalerweise gehört er zu der ➜ Partei, die bei der ➜ Bundestagswahl die meisten Stimmen bekommen hat. Der ➜ Bundespräsident ernennt dann die gewählte Person zum Kanzler.
Der Bundeskanzler wird immer für vier Jahre gewählt. Er kann sich danach so oft er möchte wieder zur Wahl stellen.

Sechzehn Jahre lang Kanzler

Am längsten war bisher Helmut Kohl Bundeskanzler: von 1982 bis 1998, also sechzehn Jahre

Angela Merkel mit ihrem Vorgänger Gerhard Schröder

Bundespräsident

B

lang. Das bedeutet, dass Helmut Kohl vier Mal hintereinander zum Bundeskanzler gewählt wurde.

Der erste Bundeskanzler der Bundesrepublik Deutschland war von 1949 bis 1963 Konrad Adenauer

Bundespräsident

Der Bundespräsident ist einer der wichtigsten Politiker in der Bundesrepublik Deutschland. Man nennt ihn auch das Staatsoberhaupt von Deutschland. Seit Juli 2004 ist Horst Köhler der Bundespräsident von Deutschland.

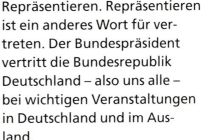

Vertreter für Deutschland

Eine sehr wichtige Aufgabe des Bundespräsidenten ist das Repräsentieren. Repräsentieren ist ein anderes Wort für vertreten. Der Bundespräsident vertritt die Bundesrepublik Deutschland – also uns alle – bei wichtigen Veranstaltungen in Deutschland und im Ausland.

Staatsbesuche

Wichtige Veranstaltungen sind zum Beispiel → Staatsbesuche des Bundespräsidenten in anderen Ländern oder der Besuch eines wichtigen ausländischen Politikers in Deutschland. Bei solchen Staatsbesuchen trifft sich der Bundespräsident mit den Chefs anderer Länder.

37

Bundespräsident

Wenn wichtige Politiker aus dem Ausland nach Deutschland kommen, trifft sich der Bundespräsident mit ihnen. Manchmal zeigt er seinem Besuch dann Dinge, auf die Deutschland stolz ist. Das kann zum Beispiel eine schöne Landschaft, eine

Der polnische Staatspräsident zu Besuch bei Horst Köhler

besonders tolle Universität, ein Museum oder ein wichtiges Denkmal sein.

Verträge unterschreiben

Der Bundespräsident ist aber nicht nur auf Reisen und empfängt Besuch, er hat noch andere Dinge zu tun. Im Namen der ➔ Bundesregierung unterschreibt er zum Beispiel Verträge mit anderen Staaten. In so einem Vertrag treffen zwei Länder Vereinbarungen miteinander. Mit seiner Unterschrift gibt der Bundespräsident das Versprechen, dass Deutschland sich an den Vertrag halten wird.

Gesetze prüfen

Der Bundespräsident hat auch die Aufgabe, Gesetze zu prüfen. Wenn die Politiker im ➔ Bundestag und im ➔ Bundesrat ein neues Gesetz beschlossen haben, wird es dem Bundespräsidenten vorgelegt. Er muss es gründlich lesen und unterschreiben, wenn er denkt, dass die Politiker bei dem Gesetz alles richtig gemacht haben. Denn erst, wenn ein Gesetz vom Bundespräsidenten unterschrieben wurde, ist es auch gültig.

Bundeskanzler ernennen

Der Bundespräsident ernennt außerdem den ➔ Bundeskanzler. Das heißt aber nicht, dass er den Bundeskanzler selbst aussuchen darf. Der Bundeskanzler wird vom Bundestag gewählt. Wer Bundeskanzler werden soll, schlägt die ➔ Partei vor, die bei der ➔ Bundestagswahl die meisten Stimmen bekommen hat. Der vorgeschlagene Kandidat geht dann zum Bundespräsidenten und wird von ihm ganz feierlich zum Bundeskanzler ernannt. Genauso funktioniert das mit den Bundesministern, also den

Bundespräsident

B

Politikern, die ganz eng mit dem Bundeskanzler in der Regierung zusammenarbeiten.

Die Wahl des Bundespräsidenten

In Deutschland wird der Bundespräsident alle fünf Jahre gewählt. Dazu kommt die Bundesversammlung zusammen. Die Wahl des Bundespräsidenten ist die einzige Aufgabe der Bundesversammlung.
Mitglieder der Bundesversammlung sind alle Politikerinnen und Politiker aus dem Bundestag und noch mal genauso viele Leute aus den sechzehn deutschen Bundesländern. Die Vertreter der Bundesländer müssen nicht unbedingt Politiker sein, auch Spitzensportler oder andere berühmte Leute dürfen in der Bundesversammlung mitwählen.

Schloss Bellevue

Der Bundespräsident wohnt im Schloss Bellevue in Berlin. Spätestens nach zehn Jahren muss er allerdings ausziehen. Der Bundespräsident darf nämlich nur ein Mal wiedergewählt werden.

Wer kann Bundespräsident werden?

Jeder Deutsche kann Bundespräsident werden. Er oder sie muss mindestens 40 Jahre alt sein und von einem Mitglied der Bundesversammlung zur Wahl vorgeschlagen werden. Der Bundespräsident darf nach seiner Wahl nur noch Präsident sein und keinen anderen Beruf mehr ausüben. Außerdem darf er kein Politiker aus der Bundesregierung oder aus einer → Landesregierung sein.

Bundesrat

Bundesrat

In Deutschland gibt es sechzehn Bundesländer: Baden-Württemberg, Bayern, Berlin, Brandenburg, Bremen, Hamburg, Hessen, Mecklenburg-Vorpommern, Niedersachsen, Nordrhein-Westfalen, Rheinland-Pfalz, das Saarland, Sachsen, Sachsen-Anhalt, Schleswig-Holstein und Thüringen.

Jedes Bundesland hat eine eigene → Landesregierung. Der Bundesrat ist die Vertretung der sechzehn deutschen Bundesländer. Im Bundesrat sitzen 69 Politiker aus den Landesregierungen der Bundesländer. Wie viele Vertreter ein Bundesland in den Bundesrat schickt, hängt von seiner Größe ab. Große Bundesländer, zum Beispiel Bayern und Niedersachsen, schicken sechs Vertreter. Kleine Länder mit wenigen Einwohnern, zum Beispiel Bremen oder Hamburg, schicken drei Vertreter.

Wer darf in den Bundesrat?

Die Landesregierungen bestimmen selbst, welche Politiker sie in den Bundesrat schicken. Der Ministerpräsident, also der Chef einer Landesregierung, ist aber immer dabei.

Gesetze prüfen

Die Politiker im Bundesrat prüfen vor allem viele der Gesetze, die die Politiker im → Bundestag beschlossen haben. Damit ein Gesetz gültig wird, müssen die Mitglieder des Bundesrates dem Gesetz zustimmen.

Die Abstimmung

Eine Abstimmung im Bundesrat ist kompliziert. Alle 69 Politiker dürfen ihre Stimme abgeben. Aber nicht jeder darf so abstimmen, wie er will. Die Mitglieder aus einem Bundesland müssen sich einigen, ob sie alle mit »Ja« oder alle mit »Nein« stimmen wollen. Das heißt: Die Politiker aus einem Bundesland müssen vor einer Abstimmung einer Meinung sein.

Bundesregierung

Bundesregierung

Die Bundesregierung im November 2005
Obere Reihe, von links nach rechts: Thomas de Maizière, Sigmar Gabriel, Wolfgang Tiefensee, Brigitte Zypries, Horst Seehofer, Ulla Schmidt, Franz Josef Jung
Untere Reihe, von links nach rechts: Heidemarie Wieczorek-Zeul, Annette Schavan, Franz Müntefering, Angela Merkel, Horst Köhler, Frank-Walter Steinmeier, Wolfgang Schäuble, Peer Steinbrück, Ursula von der Leyen, Michael Glos

Die Bundesregierung ist das Team, das Deutschland regiert. Es besteht aus dem → Bundeskanzler und seinen Bundesministern.
Meistens spricht man einfach vom Kanzler und seinen → Ministern und sagt nicht immer *Bundes*kanzler und *Bundes*minister. Die Minister sind die wichtigsten und engsten Mitarbeiter des Kanzlers. Die Gruppe aus Bundeskanzler und Ministern wird auch Kabinett genannt und trifft sich sehr oft zur Kabinettssitzung.
Die Minister setzen sich alle an einen großen Tisch und reden. Dabei werden wichtige Dinge besprochen. Denn zusammen mit dem Kanzler bestimmen die Minister, welche → Politik in Deutschland gemacht wird.

Minister entwerfen Gesetze

Wenn die Minister Dinge neu regeln wollen, müssen sie ihre Ideen aufschreiben. Aus einigen Ideen entwerfen sie dann neue

Bundestag

B

Gesetze. Die neuen Gesetze müssen die Minister dann im → Bundestag vorstellen.
Der Bundestag muss nämlich abstimmen, ob neue Gesetze in Deutschland gelten sollen oder ob alte Gesetze verändert werden müssen.

Das Regierungsviertel in Berlin

Bei manchen Gesetzen müssen zusätzlich noch die Politiker im → Bundesrat abstimmen, insbesondere bei den Gesetzen, die mit dem → Grundgesetz zu tun haben.

Bundestag

In Deutschland können alle Deutschen, die über achtzehn Jahre alt sind, in der → Politik mitbestimmen. Natürlich können sich nicht jeden Tag alle irgendwo treffen und das Land regieren. Das wären viel zu viele Menschen. Deshalb wählen die Deutschen Leute, die sie vertreten sollen, also Politiker verschiedener → Parteien. Das sind Leute, die sich versammeln und dann stellvertretend für das deutsche Volk über viele Dinge entscheiden. Diese Politiker-Versammlungen nennt man Parlamente.

Das wichtigste deutsche Parlament ist der Bundestag. Die Politiker des Bundestages versammeln sich in einem Gebäude in Berlin, das »Deutscher Reichstag« genannt wird.
Im Bundestag sitzen Politiker, die ganz Deutschland vertreten. Man nennt sie auch Abgeordnete. Die Abgeordneten werden

Bundestag

alle vier Jahre bei der ➔ Bundestagswahl gewählt.
Fast 600 Politiker sitzen im Bundestag. Gemeinsam wählen sie den Bundestagspräsidenten. Der Bundestagspräsident hat viele Aufgaben. Unter anderem leitet er die Sitzungen im Bundestag und passt auf, dass nicht durcheinander geredet wird.

Wie wird man Abgeordneter?

Jeder, der mindestens achtzehn Jahre alt ist, darf bei der Bundestagswahl mit abstimmen. Die Wähler geben ihre Stimme für die Politiker ab, von denen sie denken, dass sie sie am besten vertreten können – weil sie die gleiche Meinung und die gleichen Ziele haben wie sie selbst. Wer in seiner Stadt oder seinem Wahlbezirk die meisten Stimmen bekommen hat, wird ein Abgeordneter.
Welche Meinung die Abgeordneten haben, erkennt man auch daran, zu welcher Partei sie gehören. Die Abgeordneten im Bundestag kommen aus verschiedenen Parteien. Wie viele Abgeordnete einer Partei in den Bundestag kommen, hängt davon ab, wie viele Menschen diese Partei bei der Bundestagswahl gewählt haben.

Viele wichtige Aufgaben

Die Politiker im Bundestag haben viele wichtige Aufgaben. Sie wählen zum Beispiel den ➔ Bundeskanzler, also den Chef der Regierung. Sie entscheiden auch, ob neue Straßen gebaut werden, wie viel Geld die Regierung ausgeben darf oder auch, wie viel Kindergeld Familien bekommen sollen. Im Bundestag werden außerdem Gesetze beschlossen, die in ganz Deutschland gelten.
Bevor ein Gesetz im Bundestag beschlossen wird, muss dort darüber geredet werden. Zu jedem neuen Gesetz gibt es oft lange Diskussionen. Dabei gehen nacheinander verschiedene Abgeordnete nach vorne und sagen ihre Meinung zu dem neuen Gesetz. Nachdem alle Reden zu Ende sind, stimmen die Abgeordneten ab. Wenn bei dieser Abstimmung genug Stimmen für das neue Gesetz zusammenkommen, ist es beschlossen.
Allerdings müssen auch die Politiker im ➔ Bundesrat manche Gesetze noch prüfen und ihnen auch zustimmen.

Bundestagswahl

Jeder kann zuschauen

Damit alle wissen, was die Politiker im Bundestag besprechen, sind die Bundestags-Diskussionen öffentlich. Jeder ab fünfzehn Jahren darf auf der Tribüne unter der Glaskuppel des Gebäudes sitzen und zuschauen. Für die Jüngeren gibt es spezielle Kindertage. Fernsehen, Radio und Zeitungen sind ebenfalls im Bundestag dabei und berichten über die Diskussionen.
So können sich die Menschen ein Urteil darüber bilden, wie die von ihnen gewählten Politiker ihre Arbeit im Bundestag machen.

Bundestagswahl

Bundestagswahlen gibt es normalerweise alle vier Jahre. Jeder Deutsche, der über achtzehn Jahre alt ist, kann in der → Politik mitbestimmen – er ist wahlberechtigt. Natürlich können sich nicht jeden Tag alle irgendwo treffen und das Land regieren. Das wären viel zu viele Menschen. Deshalb wählen die Deutschen die Leute, die sie vertreten sollen, also Politiker verschiedener → Parteien.
Die gewählten Politiker vertreten also das Volk. Sie werden deshalb auch Volksvertreter genannt. Im → Bundestag entscheiden sie zum Beispiel über neue Gesetze, also auch darüber, ob neue Straßen gebaut werden oder ob es mehr Geld für Schulen gibt. Die Politiker wählen im Bundestag auch den → Bundeskanzler.

Wie wird gewählt?

Alle Wahlberechtigten bekommen einige Wochen vor den Wahlen einen Brief. In diesem Brief steht, wann und wo sie in ihrer Stadt oder in ihrem Dorf wählen können. Mit diesem Brief gehen sie am Wahltag in das Wahllokal. Auch wenn es sich zuerst so anhört, ein Wahllokal ist kein Restaurant. Wahllokal

Bundestagswahl

nennt man den Ort, an dem die Leute wählen – also ihre Stimmen abgeben. Das kann zum Beispiel im Rathaus sein, aber auch in einer Schule oder Turnhalle.

Dort bekommen die Wähler einen Stimmzettel. Darauf kann jeder zwei Stimmen abgeben. Mit der ersten Stimme wird ein Politiker gewählt, der für die Gegend kandidiert, in der man wohnt. Die zweite Stimme ist für die Parteien, die zur Wahl stehen. Die Bundestagswahl ist eine geheime Wahl, das heißt, auf den Stimmzetteln macht man nur Kreuze und schreibt nicht seinen Namen darauf. Wenn man zu viele Kreuze macht oder auf den Wahlzettel etwas draufschreibt, zählt die Stimme nicht – sie ist dann ungültig.

Wer am Wahltag nicht in sein Wahllokal gehen kann, weil er zum Beispiel arbeiten muss, krank ist oder gerade Urlaub macht, kann per Briefwahl an der Wahl teilnehmen. Das heißt, er lässt sich seinen Stimmzettel schon vorher per Post zuschicken. Den Stimmzettel füllt er zu Hause aus und schickt ihn dann an sein zuständiges Wahlbüro. Geöffnet wird der Brief erst am Tag der Wahl.

Jede Stimme zählt

Nach der Wahl werden alle Stimmen ausgezählt. Die Partei, die die meisten Stimmen bekommen hat, darf auch die meisten Politiker in den Bundestag schicken. Aus dieser Partei kommt auch der Bundeskanzler. Sind mehr als die Hälfte der Abgeordneten im Bundestag aus dieser Partei, darf sie ganz alleine vier Jahre lang Deutschland regieren. Das gab es aber bisher noch nie in Deutschland. Zu einer Regierung schlossen sich immer mehrere Parteien zusammen. Das nennt man dann eine ➔ Koalition.

Bundeswehr

Bundeswehr

Die Bundeswehr ist die Armee der Bundesrepublik Deutschland. In der Bundeswehr gibt es drei große Abteilungen: das Heer, die Marine und die Luftwaffe.

Beim Heer sind die Soldaten, die für den Kampf am Boden ausgebildet werden, die also Panzer fahren und mit Gewehren kämpfen. Ein Soldat der Marine arbeitet auf großen Militärschiffen. Bei der Luftwaffe arbeiten unter anderem die Piloten von Düsenjägern.
Die Hauptaufgabe der Bundeswehr ist es, Deutschland zu schützen und zu verteidigen, zum Beispiel, wenn Deutschland von einem anderen Land angegriffen würde.
Der oberste Chef der Bundeswehr ist der Verteidigungsminister.

Was macht die Bundeswehr?

Die Bundeswehr wurde 1955 gegründet. Die Politiker fürchteten damals, dass Deutschland von anderen Ländern angegriffen werden könnte. Im
→ Grundgesetz, dem wichtigsten Gesetz Deutschlands, steht, dass Deutschland niemals selbst ein anderes Land angreifen darf. Die Bundeswehr soll Deutschland und die Länder, mit denen sich Deutschland verbündet hat, vor Bedrohung schützen und bei einem Angriff verteidigen.
Seit dem Ende des → Zweiten Weltkrieges 1945 ist Deutschland nicht mehr angegriffen worden. Die europäischen Länder sind heute gut miteinander befreundet.
Deswegen haben die Politiker überlegt, dass die Bundeswehr nicht mehr nur zur Verteidigung des Landes da sein soll, sondern auch andere Aufgaben übernehmen kann. Wenn es eine Katastrophe gibt, helfen die Bundeswehrsoldaten, aufzuräumen oder die Menschen zu verpflegen.
Soldaten der Bundeswehr sind aber auch in fremden Ländern im Einsatz, um dort den Frieden zu sichern. Deutsche Soldaten sind zum Beispiel im Kosovo, in Usbekistan und in → Afghanistan im Einsatz. In Afghanistan sind

Bundeswehr

sie Teil der ISAF, einer von der → UNO geschickten internationalen Gruppe von Soldaten, die dafür sorgen sollen, dass es keinen neuen Krieg in Afghanistan gibt.

ablehnt. Diejenigen, die den Wehrdienst verweigern, müssen statt dessen einen Wehrersatzdienst machen. Viele Leute sagen Zivildienst dazu. Zivildienstleistende, oder abgekürzt »Zivis«, arbeiten neun Monate lang zum Beispiel in Altenheimen, Krankenhäusern oder in Kindertagesstätten.

B

Wehrdienst und Zivildienst

In Deutschland muss jeder Mann, der achtzehn Jahre alt wird, zur Musterung. Das ist eine Untersuchung, bei der geschaut wird, ob der Mann fit genug ist, um zur Bundeswehr zu gehen und dort Wehrdienst zu leisten. Wehrdienst bedeutet, neun Monate lang bei der Bundeswehr zu lernen, was ein Soldat wissen und können muss.
Seit 2001 dürfen auch Frauen Wehrdienst leisten. Sie sind aber nicht dazu verpflichtet.
In Deutschland kann man den Wehrdienst verweigern – also sagen, dass man nicht zur Bundeswehr will. Dafür muss man gute Gründe haben: zum Beispiel, dass man nicht lernen will, mit Waffen zu kämpfen – weil man Gewalt grundsätzlich

Bürgerkrieg

Bürgerkrieg

Bürgerkrieg nennt man einen Krieg, der innerhalb eines einzelnen Landes stattfindet. Dabei bekämpfen sich die Bürger eines Landes gegenseitig.

So ein Bürgerkrieg kann verschiedene Gründe haben: Manche Bürgerkriege entstehen aus religiösen Gründen. Ein Teil der Menschen im Land hat eine Religion, ein anderer Teil eine andere. Manchmal kommt es zu Streit darüber, welche Religion die richtige ist. Dieser Streit kann zu Gewalt führen und schließlich so schlimm werden, dass es einen Bürgerkrieg gibt.
Andere Bürgerkriege finden wegen politischer Probleme innerhalb eines Landes statt. Wenn es zum Beispiel zwei verschiedene Gruppen mit unterschiedlichen Meinungen gibt, und jede will das Land alleine beherrschen und die anderen sollen nichts zu sagen haben. Es gibt auch Bürgerkriege, die zwischen einer Regierung und dem Volk entstehen. Zum Beispiel, wenn ein grausamer Herrscher sein Volk sehr schlecht behandelt und die Menschen sich das nicht mehr gefallen lassen. Sie kämpfen dann gegen die Soldaten des Diktators (➔ Diktatur).
Das Gebiet, in dem ein Bürgerkrieg stattfindet, nennt man Bürgerkriegsgebiet.
1991 und in den darauf folgenden Jahren gab es Bürgerkrieg im ehemaligen Jugoslawien. Verschiedene Bevölkerungsgruppen kämpften gegeneinander, zum Beispiel die Serben gegen die Kroaten. Nach dem Bürgerkrieg wurde das Land in mehrere kleinere Staaten aufgeteilt.

In Angola in Afrika gab es über 26 Jahre lang Bürgerkrieg – bis ins Jahr 2002. Verschiedene Gruppen kämpften um die Macht im Land. Das Land ist dadurch völlig zerstört und die Menschen sind sehr arm.

Christentum

Das Christentum ist eine der großen Religionen der Welt. Die Gemeinschaft der Christen folgt den Lehren von Jesus Christus. Jesus Christus ist so enorm wichtig für viele Menschen, dass seine Geburt in einem Stall in der Stadt Bethlehem vor gut 2.000 Jahren auch der Beginn unserer Zeitrechnung ist.
Wenn man also sagt, ich bin 1996 geboren, bedeutet das 1.996 Jahre nach der Geburt von Jesus Christus. Alles, was vor der Geburt von Jesus Christus war, wird auch so genannt – der große römische Feldherr Julius Caesar ist also zum Beispiel 100 Jahre vor Christi geboren worden.

und Wundertäter bis zu seinem Tod am Kreuz.
Jesus wurde von den römischen Behörden zum Tode verurteilt. Die Römer herrschten damals über Palästina, das Heimatland von Jesus Christus. Sie hatten Angst, dass der beliebte Prediger Jesus zu großen Einfluss auf die Menschen bekommen würde und dass diese sich dann gegen die Römer auflehnen würden. Römische Soldaten hängten den zum Tode Verurteilten an ein Kreuz. So ist Jesus gestorben. Das Kreuz ist deshalb das Zeichen der Christen.

Die Bibel ist das heilige Buch der Christen

Das heilige Buch der Christen ist die Bibel mit dem Alten und Neuen Testament. Im Alten Testament geht es um die Zeit vor der Geburt von Jesus. Das Neue Testament schildert das Leben von Jesus von seiner Geburt über seine Zeit als Prediger

Jesus predigte Nächstenliebe und Verzicht auf Gewalt

Wichtige Themen der Lehre von Jesus waren die Nächstenliebe und der Verzicht auf Gewalt. Das fanden sehr viele Menschen gut. Das Christentum hat sich immer weiter verbreitet. Dabei wurden Menschen mit einem anderen Glauben aber auch gezwungen,

Christentum

den christlichen Glauben anzunehmen.
Die Ideen von Jesus Christus haben sich durchgesetzt.
380 nach Christus wurde das Christentum von Kaiser Theodosius I. zur einzigen Religion des Römischen Reichs erklärt.

Papst Benedikt XVI. mit Kindern in Rom

Im Laufe der Geschichte gab es aber auch Streit unter den Christen – darüber, wer die Lehren von Jesus Christus besser versteht.

Teilung in katholische und evangelische Kirche

Im Jahr 1534 nach Christus erklärte ein Mönch mit dem Namen Martin Luther, dass er mit vielem in der Kirche nicht einverstanden sei – zum Beispiel damit, dass der → Papst Gottes Stellvertreter auf der Erde ist oder dass Priester nicht heiraten dürfen. Viele Gläubige teilten seine Meinung. Dadurch kam es zu einer Teilung in die evangelische Kirche, die von Luther gegründet wurde, und in die katholische Kirche. In der ganzen Welt gibt es etwa 1,8 Milliarden Christen, davon sind mehr als die Hälfte – nämlich 60 Prozent – katholisch.

Viele Feiertage beziehen sich auf Jesus

Die Bibel erzählt, dass Jesus vom Tod wieder auferstanden ist – also durch ein Wunder wieder lebendig wurde – und in den Himmel gefahren ist. Fast alle deutschen Feiertage beziehen sich auf das Leben von Jesus Christus. An seinem Geburtstag wird zum Beispiel Weihnachten gefeiert, an seiner Auferstehung Ostern und etwas später im Jahr seine Himmelfahrt.
Neben Jesus, dem Sohn Gottes, ist natürlich auch Gott selbst sehr wichtig für das Christentum. Er gilt als der Schöpfer der Welt.
Die Christen glauben, dass er das Leben der Menschen beobachtet und ihnen hilft. Unter anderem hilft er ihnen durch seine Liebe. Kinder, die zum christlichen Glauben gehören, werden getauft – das heißt, sie werden in der festlichen Zeremonie während der Taufe zum Mitglied der Religionsgemeinschaft der Christen.

CIA

Die Gebetshäuser der Christen heißen Kirchen. Hier lesen die Pfarrer in der heiligen Messe aus der Bibel vor und sprechen darüber, wie ein guter Christ sich verhalten soll.

CIA

Die CIA ist ein Geheimdienst. Geheimdienst bedeutet, dass die Menschen, die dort arbeiten, geheime Aufgaben für die Regierung erledigen.
Die CIA ist der wichtigste und größte Geheimdienst der USA. CIA ist eine englische Abkürzung für »Central Intelligence Agency«. Das bedeutet »Zentrale Geheimdienstorganisation«.
Eine der Hauptaufgaben der CIA ist es, die USA vor Angriffen aus dem Ausland zu warnen, also zum Beispiel vor Angriffen von Terroristen.

Bei der CIA arbeiten viele Geheimagenten und Spione. Die meisten von ihnen sind im Ausland, wo sie vor allem nach Terroristen suchen. Dafür hören sie zum Beispiel die Wohnungen und Telefone von verdächtigen Leuten ab, um herauszufinden, ob sie Anschläge auf die USA planen. Außerdem beobachten

Computerviren

und beschatten die Geheimagenten mögliche Terroristen. Die CIA arbeitet zum Teil mit brutalen Methoden. Dafür wird der Geheimdienst immer wieder von Menschenrechtsgruppen kritisiert.

Auch wenn die CIA keine → Folter anwenden darf, werden doch immer wieder Fälle bekannt, in denen Gefangene körperlich und seelisch misshandelt wurden, um sie zu einer Aussage zu zwingen.

Die CIA hat im Kampf gegen Terroristen offenbar auch Gefangene in andere Länder verschleppen und foltern lassen, um vielleicht Informationen zu bekommen, die der CIA für die Arbeit nützlich sind. Folter verstößt gegen die → Menschenrechte.

Computerviren

Viren sind Krankheitserreger und können Menschen und Tiere krankmachen. Computerviren machen natürlich keine Menschen krank, sie werden Computerviren genannt, weil sie den Computer »krankmachen« können.

Ein Computervirus ist ein Programm, das den Computer beschädigen, verändern und total ausfallen lassen kann.

Meistens werden Computerviren per E-Mail verschickt. Sie können aber auch auf Disketten sein, oder in den Computer eingeschleust werden, wenn man ins Internet geht.

Großer Schaden durch Computerviren

Computerviren werden meistens in voller Absicht von jemandem entwickelt, programmiert und losgeschickt, um anderen zu schaden. Der Schaden durch

Computerviren

einen Computervirus kann sehr hoch sein. Im schlimmsten Fall werden die gesamten Daten auf der Festplatte des Computers verändert oder sogar gelöscht. Ist der Virus weniger schlimm, führt er zum Beispiel dazu, dass der Computer mehrmals hintereinander abstürzt.

Schutz vor Computerviren

Gegen Computerviren kann man sich schützen. Ganz wichtig: Man muss seinen Computer sicher machen! Dazu gibt es verschiedene Programme. Zum Beispiel eine »Firewall« (auf deutsch »Feuerwand«). Sie funktioniert wie ein Wächter vor einem Tor, der jeden kontrolliert, der durch das Tor möchte. Die Firewall kontrolliert also genau, was in den Computer rein darf.

Außerdem gibt es noch andere Virenschutzprogramme. Sie durchsuchen den Computer regelmäßig nach Viren und machen sie dann unschädlich. Zusätzlich sollte man auch darauf achten, dass das Computersystem immer auf dem neuesten Stand ist. Das ist nicht ganz einfach, deshalb ist es besser, wenn man den Computer zusammen mit den Eltern oder einem Computerexperten sicher macht.

C

DDR

DDR

Bis zum 3. Oktober 1990 gab es zwei deutsche Staaten. Die Bundesrepublik Deutschland und die DDR – das ist die Abkürzung für »Deutsche Demokratische Republik«.
Zu den beiden deutschen Staaten kam es so: Adolf Hitler und die Nationalsozialisten hatten den ➔ Zweiten Weltkrieg angefangen. Deutschland marschierte in den Nachbarländern ein, wollte dort Land erobern und die Ideen der Nationalsozialisten durchsetzen. Die angegriffenen Länder und ihre Freunde haben sich deshalb gegen Deutschland zusammengeschlossen und kämpften gemeinsam, um Hitler zu stoppen. Am 8. Mai 1945 war der Krieg in Europa zu Ende – die anderen Länder hatten Hitler und Deutschland besiegt. Solange sie gegen Hitler gekämpft hatten, waren sich die anderen Länder einig. Darüber, wie es mit dem besiegten Deutschland weitergehen sollte, waren sie sich nicht einig. Deshalb wurde Deutschland geteilt. Der westliche Teil wurde die Bundesrepublik Deutschland und war von den USA, Frankreich und Großbritannien besetzt, der östliche Teil wurde die DDR – hier hatte die ➔ Sowjetunion das Sagen.

Die USA und die Länder des Westens und die Sowjetunion und die Länder des Ostens standen sich in den Jahren danach sehr feindlich gegenüber. Die beiden deutschen Staaten gehörten also zu zwei verfeindeten Lagern.

Parade am 1. Mai 1958 in Ost-Berlin

Sie hatten auch sehr unterschiedliche Regierungen und Gesetze. Zwischen beiden Staaten gab es eine streng bewachte Grenze. Ein Teil dieser Grenze ging mitten durch die Stadt Berlin und wurde die ➔ Berliner Mauer genannt.

Schießbefehl

Viele Menschen, die in der DDR lebten, haben versucht, von dort in die Bundesrepublik Deutschland zu kommen. Denn in der DDR durften sie zum Beispiel nicht ihre Meinung sagen und konnten nur wenige Sachen kaufen. Um zu verhindern, dass

DDR

D

die Menschen aus der DDR in die Bundesrepublik Deutschland fliehen, hat die DDR die Grenze zur Bundesrepublik 1961 ganz geschlossen und von Soldaten Tag und Nacht bewachen lassen. Viele Menschen haben aber trotzdem versucht, aus der DDR zu fliehen. Wenn die Grenzsoldaten das merkten, haben sie den Menschen zuerst befohlen, stehen zu bleiben. Die Soldaten hatten den Befehl, auf jeden zu schießen, der dann nicht stehen bleibt. Diese Anweisung an die Soldaten hieß Schießbefehl. Insgesamt sind bis 1989 über 1.000 Menschen an der Grenze zwischen der DDR und der Bundesrepublik Deutschland erschossen worden.

Der 17. Juni 1953

Vor allem mit Hilfe der Amerikaner ging es den Menschen in der Bundesrepublik Deutschland und West-Berlin nach dem Krieg schneller wieder besser. Die Läden in der Bundesrepublik waren wieder gefüllt und auf den Märkten gab es auch wieder fast alles zu kaufen.
Im Osten ging es den Menschen dagegen viel schlechter. Sie verdienten weniger Geld und konnten nicht frei über ihr Leben entscheiden. Die Regierung der DDR stellte sehr harte Regeln auf, an die sich alle halten mussten. Die Menschen, die in der DDR lebten, durften kaum mitreden, was in ihrem Land passieren sollte.
Weil die DDR arm war, wurden sie dann von der Regierung gezwungen, noch länger zu arbeiten, für immer weniger Geld. Das machte die Menschen in der DDR so wütend, dass sie auf die Straße gingen und gegen ihre Regierung demonstrierten, obwohl das streng verboten war. Schließlich, am 17. Juni 1953, gab es an vielen Orten in der DDR große → Demonstrationen. Tausende von Menschen gingen auf die Straße, um gegen die Regierung der DDR zu protestieren. Doch die Regierung schickte Polizisten und Soldaten. Die gingen brutal gegen die Demonstranten vor. Sogar Panzer fuhren durch die Straßen. Menschen wurden bei den Demonstrationen getötet, viele wurden ins Gefängnis gesteckt. An der Situation in der DDR haben die Demonstranten des 17. Juni 1953 also nichts geändert. Aber jeder, der damals auf die Straße ging, hat sehr viel Mut bewiesen.
Danach traute sich erst mal niemand mehr, gegen die Regierung zu protestieren.
Die Regierung der DDR bestimmte über alles im Land –

DDR

ganz nach ihrem Vorbild, der Regierung der → Sowjetunion. Sie legte fest, was die Bauern anpflanzen sollten, wer welche Ausbildung machen sollte, was in den Schulen unterrichtet wurde und was nicht, was in der Zeitung stand und was im Radio und im Fernsehen gesendet wurde. Die Regierungspartei bestimmte auch über die → Wirtschaft. Sie machte Pläne, was und wie viel in den Fabriken der DDR hergestellt werden sollte. Die Kinder in der DDR wurden fast alle Mitglied bei den »Jungen Pionieren«. Dort wurde ihnen beigebracht, dass die → Politik der Regierung der DDR gut für alle ist.

Junge Pioniere beim Gruß

Ende der achtziger Jahre protestierten dann aber wieder immer mehr Menschen gegen die Regierung der DDR. Sie demonstrierten, obwohl das verboten war, und riefen »Wir sind das Volk«. Außerdem versuchten Politiker aus anderen Ländern, die DDR zu überreden, ihre Grenzen zu öffnen. Der Druck auf die DDR-Regierung wurde immer größer, so dass sie schließlich aufgeben musste. Am 9. November 1989 wurde die Grenze zwischen den beiden deutschen Staaten geöffnet und am 3. Oktober 1990 wurde Deutschland wieder ein Land (→ Deutsche Einheit).

Demokratie

Demokratie

Das Wort »Demokratie« kommt aus dem Griechischen und bedeutet »Volksherrschaft«. In jedem Staat gibt es eine Ordnung, die festlegt, wer in diesem Staat bestimmen darf, wer zum Beispiel festlegen darf, an welche Gesetze sich alle halten müssen. In einer Demokratie bestimmen darüber die Bürger des Volkes.

Woher kommt die Idee der Demokratie?

Die Idee der Volksherrschaft, also der Demokratie, ist schon ziemlich alt. Kluge Menschen haben sich diese Staatsordnung ausgedacht. Sie fanden es sehr ungerecht, dass immer nur einer, wie zum Beispiel ein König oder Kaiser, die Macht in einem Staat hatte.
Ihre Idee damals war, dass jeder Bürger in einem Staat das Recht haben muss, mitzubestimmen, was in seinem Land passiert. Jeder Bürger sollte also ein Stück Macht bekommen.
Viele Herrscher, mächtige Könige und Kaiser fanden diese Idee gar nicht gut. Sie wollten ihre Macht behalten und sie nicht mit dem Volk teilen. Aber die Menschen wollten es sich nicht mehr gefallen lassen, von einem oder ein paar Mächtigen beherrscht zu werden. Sie kämpften für die Demokratie, auch mit Gewalt.

Warum kann nicht jeder Bürger in einem Staat direkt mitbestimmen?

Man muss sich nur mal vorstellen, alle Erwachsenen in Deutschland – und das sind ein paar Millionen – müssten immer über jedes Gesetz mit entscheiden. Das würde ewig dauern, und bei so vielen Menschen gibt es natürlich auch viele Tausend verschiedene

Eine Abstimmung im Bundestag. Die Abgeordneten halten dazu rote und blaue Karten hoch

Demokratie

D Meinungen. Gar nicht so einfach, da zu einer Einigung zu kommen. Deshalb gibt es in jedem demokratischen Staat Wahlen, so wie in Deutschland.

Die Idee der Wahl in einer Demokratie ist ganz einfach: Die Wähler wählen Politiker, die sie und ihre Meinung vertreten.

Die Berliner feiern den Tag der Demokratie

Frau Meier wählt zum Beispiel einen Politiker von der SPD, weil er oft die gleiche Meinung hat wie sie. Herr Schulz wählt jemanden von der CDU, weil er die Ansichten dieser Partei richtig findet. Wenn ein Politiker gewählt wurde, dann vertritt er sozusagen die Meinung und Ansichten von allen seinen Wählern. Die Wähler geben also den Politikern ihr Vertrauen und gehen davon aus, dass die Politiker bei allen Entscheidungen so handeln, wie sie es selber machen würden.

Ganz wichtig in einer Demokratie ist, dass die Wahlen frei und geheim sind. Jeder Bürger in einem demokratischen Staat hat das Recht, den Politiker zu wählen, den er am besten findet. Niemand darf ihn zwingen, eine bestimmte Person zu wählen, und er muss auch niemandem verraten, welchen Politiker er gewählt hat.

Wer hat in einer Demokratie die Macht: die Politiker oder die Bürger?

In einer Demokratie haben beide die Macht: Politiker und Bürger. Die Politiker werden in einer Demokratie von den Bürgern gewählt. Wenn den Menschen in einem Staat die Arbeit der Politiker aber nicht gefällt, wenn sie ihnen nicht mehr vertrauen, dann werden diese Politiker von ihnen bei der nächsten Wahl einfach nicht wieder gewählt – die Macht wird ihnen dann also wieder abgenommen.

Also besteht die Macht der Bürger in einem demokratischen Staat darin, die zu wählen, die

Demonstration

Wer demonstriert, will seine Meinung allen zeigen. Im Wort »Demonstration« steckt das lateinische Wort »monstrare« und das heißt »zeigen«.

Kinder bei einer Friedensdemonstration

Demonstrationen gibt es aus ganz verschiedenen Gründen: Atomkraft-Gegner wollen zeigen, dass sie → Atomkraftwerke für gefährlich halten. Friedensdemonstranten zeigen, dass sie gegen einen Krieg sind, und wenn irgendwo eine große Fabrik schließen soll, demon-

Arbeitnehmer protestieren gegen Arbeitsplatzstreichungen

das Sagen haben – und sie wieder abzuwählen, wenn ihnen die Arbeit der Politiker nicht gefällt. Deshalb ist es in einer Demokratie auch ganz wichtig, dass in bestimmten Zeitabständen immer wieder neu gewählt wird.

In einer Demokratie können die Politiker nicht einfach machen, was sie wollen. Sie müssen immer überlegen, was ihre Wähler wollen. Was sie tun müssen und dürfen, ist außerdem in Gesetzen geregelt, an die sich alle halten müssen.

Meinungsfreiheit

In einer Demokratie ist es so, dass jeder das Recht hat, seine Meinung frei zu sagen – ohne Angst, dass er dafür bestraft wird.

Gibt es die Demokratie in allen Ländern der Welt?

Leider gibt es immer noch Länder, in denen es keine Demokratie gibt. In solchen Ländern sind die Menschen nicht frei. Sie müssen einem Herrscher und seinen Leuten gehorchen (→ Diktatur) und dürfen ihre Meinung nicht frei sagen. Wenn sie es trotzdem tun, werden sie verfolgt, ins Gefängnis gesteckt und manchmal sogar getötet.

Deutsche Einheit

strieren die Arbeiter dafür, dass die Fabrik bleibt und sie ihren Arbeitsplatz behalten. Demonstranten zeigen nicht nur ihre Meinung, sie wollen auch, dass Politiker etwas anders machen. Demonstrationen gehören zur Demokratie, im → Grundgesetz steht extra, dass es eine Versammlungsfreiheit gibt. In vielen Ländern ohne Demokratie sind Demonstrationen gegen die Regierung verboten. Wer trotzdem demonstriert, kann dafür ins Gefängnis kommen.

Deutsche Einheit

In der Zeit von 1949 bis 1990 gab es zwei deutsche Staaten: die Bundesrepublik Deutschland (BRD) im Westen und die → Deutsche Demokratische Republik (DDR) im Osten.

Wie es zur Trennung Deutschlands kam

Nach dem → Zweiten Weltkrieg hatten die vier Siegermächte USA, Frankreich, Großbritannien und die damalige → Sowjetunion Deutschland besetzt. Sie wollten sicherstellen, dass Deutschland nie wieder einen Krieg anfangen kann. Deshalb setzten sie sich zusammen und überlegten, wie das am besten zu machen wäre. Schließlich einigten sie sich darauf, Deutschland in vier Zonen aufzuteilen, in denen je

Amerikanische Panzer in Berlin

Deutsche Einheit

einer der Sieger das Sagen haben sollte: eine amerikanische, eine französische, eine britische und eine sowjetische Zone.
Außerdem wurde auch die deutsche Hauptstadt Berlin, genau wie das übrige Deutschland, in vier Zonen aufgeteilt.
Die Politiker der vier Siegermächte waren sich nicht einig, wie es in Deutschland weitergehen sollte. Die Sowjetunion hatte ganz andere Vorstellungen als die USA, Frankreich und Großbritannien. Aus diesem Grund entwickelten sich die besetzten Teile Deutschlands in ganz unterschiedliche Richtungen. Das Ergebnis vom Streit der Siegermächte war die Gründung von zwei deutschen Staaten.

Hoffen auf ein wiedervereinigtes Deutschland

Am 1. September 1948 traf sich der sogenannte »Parlamentarische Rat« in Bonn. Das war eine Gruppe von 65 Politikern, die alle aus den Teilen stammten, die nach Ende des Zweiten Weltkriegs von den Amerikanern, den Briten und den Franzosen verwaltet wurden.
Die 65 Politiker des Parlamentarischen Rates wollten sich Regeln, also eine Gesetzessammlung überlegen, nach denen die Bundesrepublik Deutschland

Die Besatzungszonen in Deutschland 1945

Deutsche Einheit

D

funktionieren sollte. Solche Regeln, die das Leben in einem Staat festlegen, nennt man eigentlich »Verfassung«. »Deutsche Verfassung« wollten die Politiker im Parlamentarischen Rat ihre Gesetzessammlung aber nicht nennen, weil keine Vertreter aus dem Ostteil Deutschlands bei dem Treffen dabei waren.

Damit wollten sie den Menschen in Ostdeutschland und der Sowjetunion zeigen, dass sie immer noch auf ein großes gemeinsames Deutschland hofften. Deshalb einigten sie sich auf eine vorläufige Version der Verfassung, das → Grundgesetz. Dieses Gesetz sollte nur für den Westteil Deutschlands gelten.

Gründung der BRD

Über ein halbes Jahr später hatten sich die Politiker auf ein Grundgesetz geeinigt. Am 8. Mai 1949 wurde es feierlich in Bonn verkündet und vom Präsidenten des Parlamentarischen Rates, Konrad Adenauer, unterzeichnet. Damit war die Bundesrepublik Deutschland gegründet.

Die DDR

Am 7. Oktober 1949 entstand in der Zone der Sowjetunion – also im Osten – ein zweiter deutscher Staat: die Deutsche Demokratische Republik. Im Gegensatz zur Bundesrepublik Deutschland nannte die DDR ihre Staatsregeln »Verfassung« und nicht »Grundgesetz«.

Anders als die Bundesrepublik Deutschland zeigten die Politiker der DDR auf diese Weise, dass die Teilung Deutschlands für sie endgültig war.

So wurden nach dem Zweiten Weltkrieg aus einem Deutschland zwei Staaten, die nach ganz verschiedenen Regeln funktionierten.

Auf dem Weg zur deutschen Einheit

Nach dem Zweiten Weltkrieg ging es den Menschen in der Bundesrepublik Deutschland und West-Berlin schnell wieder besser, sie hatten Arbeit und die Geschäfte waren voll mit Waren. Den Menschen in der DDR und Ost-Berlin ging es nicht so gut. Sie verdienten weniger Geld und konnten nicht frei über ihr Leben entscheiden. Die Regierung der DDR stellte sehr strenge Regeln auf, an die sich alle halten mussten. Die Menschen, die in der DDR lebten, durften kaum mitreden, was in ihrem Land passieren sollte.

Weil es ihnen in der DDR nicht so gut ging, zogen viele Menschen

Deutsche Einheit

damals einfach in die Bundesrepublik Deutschland um. Das gefiel den Politikern der DDR überhaupt nicht, deshalb schlossen sie 1961 die Grenze zur Bundesrepublik. Sie bauten einen Grenzzaun zwischen die beiden Länder und ließen den Zaun Tag und Nacht bewachen. In Berlin war diese Grenze die → Berliner Mauer.

Die Mauer ist nicht länger unüberwindbar

Auf Dauer waren immer mehr Menschen in der DDR mit ihrer Regierung unzufrieden. Sie hatten es satt, in ihrem Land eingeschlossen zu sein. Sie begannen damit, gegen ihre Regierung zu demonstrieren.

Nach und nach machten immer mehr Menschen mit. Außerdem versuchten Politiker aus anderen Ländern, die DDR zu überreden, ihre Grenzen aufzumachen. Der Druck auf die DDR-Regierung wurde immer größer, so dass sie schließlich aufgeben musste.

Die Wiedervereinigung

Im Herbst 1989 öffnete die DDR-Regierung die Grenze zwischen der DDR und der Bundesrepublik.
Ein Jahr später wurde die DDR aufgelöst und am 3. Oktober 1990 wurden die DDR und die Bundesrepublik wieder ein Land. Aus den beiden deutschen Staaten wurde wieder ein Deutschland – die Bundesrepublik Deutschland.
Der 3. Oktober ist seither der Nationalfeiertag Deutschlands. Er heißt auch »Tag der Deutschen Einheit«.

Bundespräsident Horst Köhler beim Festakt zum Tag der Deutschen Einheit 2004

Deutsch-französische Freundschaft

Deutsch-französische Freundschaft

Deutsche und Franzosen waren über viele Jahrhunderte hinweg große Feinde. Sie haben oft gegeneinander gekämpft, zum Beispiel im ➔ Zweiten Weltkrieg von 1939 bis 1945.
In diesem Krieg haben deutsche Soldaten Frankreich angegriffen und dort viele Städte zerstört. Dabei sind viele Menschen gestorben. Noch lange nach diesem Krieg waren die Franzosen deshalb auf die Deutschen nicht gut zu sprechen.
Doch 1963 – fast zwanzig Jahre nach dem Zweiten Weltkrieg – wollten die damaligen Regierungs-Chefs der Bundesrepublik Deutschland und Frankreich,

Sie haben beschlossen, dass Deutsche und Franzosen in Zukunft freundschaftliche Beziehungen haben sollen. Sie fanden das so wichtig, dass sie am 22. Januar 1963 einen Vertrag unterzeichnet haben, den so genannten »Deutsch-französischen Freundschaftsvertrag«. Dafür trafen sie sich sogar extra in einem Palast in Frankreich, dem Élysée-Palast in Paris. Deshalb nennt man den deutsch-französischen Vertrag auch »Élysée-Vertrag«.

Bundeskanzlerin Angela Merkel empfängt den französischen Staatspräsidenten Jacques Chirac

Konrad Adenauer und Charles de Gaulle freuen sich über den Abschluss des Freundschaftsvertrages

Bundeskanzler Konrad Adenauer und Präsident Charles de Gaulle, das ändern.

Im Élysée-Vertrag steht zum Beispiel, dass es nie wieder Krieg zwischen den beiden Ländern geben darf.
In dem Vertrag steht auch, dass man sich regelmäßig treffen will, um über wichtige Dinge zu sprechen – so wie das gute Freunde eben tun. Seit 1963 treffen sich also die Regierungschefs von Deutschland und Frankreich min-

Diktatur

destens zweimal im Jahr und sprechen über politische Dinge. Im Freundschaftsvertrag kommen aber auch Kinder und Jugendliche vor. Man war nämlich der Meinung: Wenn deutsche und französische Kinder sich kennen lernen und Freundschaft schließen, dann kommen sie auch später als Erwachsene gut miteinander aus.

Deutsche und französische Jugendliche im Gespräch

Deswegen gibt es seit dem Élysée-Vertrag zum Beispiel auch viele Schüleraustauschprogramme. Das heißt: Deutsche und französische Schüler besuchen sich gegenseitig, gehen gemeinsam in die Schule und haben viel Spaß zusammen. Und um dabei überhaupt miteinander reden zu können, lernen viele Schüler in den beiden Ländern die jeweils andere Sprache: Deutsche lernen französisch, und Franzosen lernen deutsch.

Diktatur

Das Wort »Diktatur« erinnert an das Wort »Diktat«. Diktate kennt jeder aus der Schule. Der Lehrer liest einen Text vor und die Schüler schreiben mit. Eine Diktatur hat aber nichts mit Rechtschreibung zu tun, sondern es geht um → Politik. Darum, dass ein Mensch allen anderen diktiert – also vorschreibt –, wie sie zu leben haben.

Der Alleinherrscher

In einer Diktatur herrscht eine Person – also ein Diktator – über alle anderen Menschen. Der Diktator schreibt den Menschen vor, was sie zu tun oder zu lassen haben. Er allein bestimmt die Regeln. Die Menschen dürfen nicht mitbestimmen, was in ihrem Land geschieht.
Oft hat ein Diktator eine starke Armee, die ihm gehorcht. Die Soldaten der Armee hindern die Menschen daran, sich gegen den Diktator zu wehren. Denn viele Menschen, die in einer Diktatur leben, sind sehr wütend auf den Diktator, der ihnen jede Freiheit nimmt. In einer Diktatur dürfen die Menschen zum Beispiel nicht frei ihre Meinung sagen. Wenn sie es dennoch tun und offen etwas gegen den Diktator sagen, können sie eingesperrt werden.

Diktatur

D

Schlimmstenfalls werden sie gefoltert (➔ Folter) oder sogar umgebracht.
Diktaturen gibt es in verschiedenen Ländern der Erde, in Nordkorea zum Beispiel. Die ➔ Menschenrechte werden in Nordkorea nicht beachtet. Die Nordkoreaner dürfen nicht aus ihrem Land ausreisen. Wer die Regierung kritisiert, wird hart bestraft. Alle Zeitungen, Radio und Fernsehen dürfen nur schreiben oder senden, was der Diktator Kim Jong-il gut findet.
Der irakische Diktator Saddam Hussein ist nicht mehr an der Macht. Während seiner Herrschaft hatte er seine Gegner verhaften und in seinen Gefängnissen foltern lassen. Er hat die Bewohner ganzer Dörfer mit Giftgas töten lassen. Die Menschen in seinem Land mussten ihm auf großen Veranstaltungen zujubeln, egal, ob sie mit ihm einverstanden waren oder nicht. Auch Adolf Hitler, der Führer der Nationalsozialisten, war ein Diktator. Er hat befohlen, möglichst alle europäischen Juden zu töten. Seine Gegner kamen ins Gefängnis oder in ➔ Konzentrationslager.

Der Diktator Saddam Hussein

Doping

Doping ist ein Wort aus dem Englischen und bedeutet übersetzt »Aufpulvern«. Von Doping spricht man, wenn Sportler verbotene Mittel einnehmen, um ihre Leistungen zu steigern. Einige dieser Mittel bewirken, dass sich schneller als durch Krafttraining viele Muskeln bilden und die Sportler dadurch mehr Kraft haben.

Durch andere Dopingmittel verändert sich die Zusammensetzung des Blutes. Es kann so mehr Sauerstoff durch den Körper transportieren. Dadurch kann der Sportler bessere Leistungen in seiner Sportart erzielen, also zum Beispiel schneller laufen.

Warum ist Doping verboten?

Dopingmittel sind streng verboten. Im sportlichen Wettkampf sollen alle die gleichen Bedingungen haben. Es ist unfair, wenn derjenige gewinnt, der heimlich Dopingmittel nimmt. Er ist dann nur wegen der Dopingmittel besser als die anderen Sportler und hofft, dass er nicht entdeckt wird. Damit sich die Sportler nicht dopen, gibt es strenge Kontrollen. Meistens müssen sie ihren Urin abgeben, der dann darauf untersucht wird, ob er Reste von Dopingmitteln enthält.

Wenn ein gedopter Sportler erwischt wird, kann er gesperrt werden. Das heißt, dass er dann längere Zeit an keinen Wettkämpfen mehr teilnehmen darf.

Der Kanadier Ben Johnson (vorne im Bild) darf wegen mehrfachen Dopings nicht mehr an Wettkämpfen teilnehmen

Doping ist nicht nur unfair, sondern auch ungesund. Manche Dopingmittel sind sogar sehr gefährlich. Es sind schon einige Sportler an diesen verbotenen Mitteln gestorben.

Elfter September

Elfter September

Am 11. September 2001 haben Terroristen in den USA vier Flugzeuge entführt. Mit zweien dieser Flugzeuge flogen sie in ein Hochhaus mit zwei Türmen in New York – das »World Trade Center« (auf deutsch »Welthandelszentrum«). Die Türme stürzten kurz danach ein, bevor sich alle Menschen aus den Gebäuden retten konnten.
Auch in das Pentagon, das Gebäude des amerikanischen Verteidigungsministeriums in Washington, flog eine von Terroristen entführte Maschine. In der Nähe der Stadt Pittsburgh stürzte das vierte entführte Flugzeug auf ein Feld.
Bei diesen Anschlägen starben über 3.000 Menschen. Damit war es der größte Terroranschlag, den es jemals in den USA gab.

Der Standort des World Trade Centers zwei Jahre nach dem Anschlag

Wer steckt hinter den Anschlägen?

Die Terroristen-Gruppe, die für die Anschläge vom 11. September 2001 verantwortlich ist, heißt → El Kaida. »El Kaida« ist arabisch und bedeutet so viel wie »die Basis«.
An der Spitze der El Kaida steht Osama bin Laden – der meistgesuchte Terrorist der Welt. Er konnte bisher nicht gefangen werden. Viele Experten und Politiker glauben, dass er die Terroranschläge geplant und vorbereitet hat. Das hat Osama bin Laden aber nie zugegeben. Er sagt aber, dass er die USA hasst und dass er es richtig findet, sie anzugreifen.

El Kaida

In verschiedenen Videos, die nach den Anschlägen gezeigt wurden, sagt er zum Beispiel, dass der Krieg begonnen hat und die Menschen in den USA nicht mehr sicher leben können. Er gibt in den Videos auch zu, dass er vorher von den Anschlägen gewusst hat.

El Kaida

El Kaida ist eine Gruppe von Terroristen, die es in sehr vielen Ländern gibt. »El Kaida« ist arabisch und heißt soviel wie »die Basis«. Die Terroristen von El Kaida tauschen weltweit Informationen untereinander aus und planen gemeinsam Anschläge. Diese El Kaida-Terroristen sind besonders gefährlich, weil man nie weiß, wo sie gerade sind und was sie als nächstes vorhaben. Die Terroristen der El Kaida sind der festen Überzeugung, dass der → Islam die einzige richtige Religion ist und dass alle Menschen nach den Regeln dieses Glaubens leben müssen. Sie hassen alle Länder, in denen die Menschen andere Religionen haben.

Die Terroristen wollen die Menschen aus diesen Ländern mit Anschlägen bekämpfen. Die El Kaida-Terroristen werden für die Anschläge vom → 11. September 2001 in New York verantwortlich gemacht. Bei diesen Anschlägen sind mehr als 3.000 Menschen gestorben. Auch bei den Anschlägen auf mehrere Züge in Madrid im März 2004 und den Bombenexplosionen in der U-Bahn von London im Juli 2005 geht man davon aus, dass El Kaida-Terroristen die Täter waren.

Emissionshandel

Osama bin Laden

Damit es nicht noch mehr solche Anschläge gibt, verfolgen die USA und andere Länder die El Kaida-Terroristen und suchen sie überall. Sie suchen vor allem nach dem Anführer: Osama bin Laden.

Emissionshandel

»Emission« ist ein Fremdwort für den Ausstoß von Schadstoffen, zum Beispiel von Abgasen wie Kohlendioxid. Der Emissionshandel wurde eingeführt, damit es in Zukunft weniger Abgase gibt.

Das funktioniert so: Jede Fabrik bekommt Scheine, auf denen steht, wie viel Abgase – also Emissionen – sie höchstens in die Luft blasen darf. Sind alle Scheine aufgebraucht, darf die Fabrik nicht mehr weiterarbeiten.
Wenn eine Fabrik sehr umweltfreundlich ist und zum Beispiel sehr gute Filter in ihren Schornsteinen hat, damit nicht so viele Abgase in die Umwelt gelangen, braucht sie nicht alle ihre Scheine, es bleiben wahrscheinlich Scheine übrig. Mit den übriggebliebenen Scheinen kann der Besitzer der sauberen Fabrik handeln. Er kann sie für viel Geld an eine andere Fabrik verkaufen,

die nicht so umweltfreundlich ist und ihre Scheine schon aufgebraucht hat. Diese Fabrik braucht ja zusätzliche Scheine, um weiterarbeiten zu können. Die Scheine sind richtig teuer. Deshalb muss sich der Besitzer, dem die nicht so umweltfreundliche Fabrik gehört, genau überlegen, ob er die teuren Scheine von den sauberen Fabriken kauft oder ob er nicht lieber selbst eine sauberere Fabrik mit anständigen Filtern in den Schornsteinen baut. Die Politiker hoffen, dass sich immer mehr Fabrikbesitzer dazu entschließen. Dann wäre ein Ziel erreicht: dass insgesamt weniger Abgase in die Luft geblasen werden als bisher.

Erdbeben

In vielen Ländern der Erde gibt es immer wieder Erdbeben. Das liegt daran, dass die Erdoberfläche keine geschlossene Kugel ist, sondern aus riesig großen Erdplatten besteht. Die Platten bewegen sich. Wenn sie sich aufeinander zu bewegen oder gegeneinander drücken, kann die Erde beben. Auch ein Vulkanausbruch oder Höhleneinstürze können die Erde erzittern lassen. Um zu beschreiben, wie stark ein Beben war, wird in den Nachrichten immer von der Richterskala gesprochen.
Die Richterskala hat der US-Amerikaner Charles Richter im Jahr 1935 erfunden. Mit dieser Skala konnte er die Stärke eines Bebens ganz genau bestimmen. Die Richterskala wird noch heute benutzt. Auf einer Liste geben unterschiedliche Zahlen genau an, wie stark ein Erdbeben ist. Die Richterskala beginnt bei 0 und ist nach oben hin offen – das heißt, es gibt keine Höchstzahl für Erdbeben. Die stärksten Erdbeben, die man jemals gemessen hat, liegen auf der Richterskala bei über 9.
Im Jahr 2003 gab es im Iran ein schweres Erdbeben der Stärke 6,6, bei dem über 40.000 Menschen gestorben sind. Oft sind sie unter den Trümmern der

Erdbeben

eingestürzten Häuser begraben worden.
2005 gab es ein Erdbeben der Stärke 7,6 im nördlichen Pakistan – in den Bergen von Kaschmir. Auch hier gab es viele tausend Tote. Über zwei Millionen Menschen haben ihre Wohnungen verloren und mussten den kalten Winter in Notunterkünften verbringen.
In Deutschland gibt es nur selten ganz leichte Erdbeben.

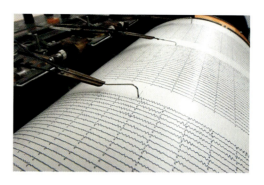

Um die Stärke von Erdbeben zu messen, benutzt man einen Seismographen.
Ein Seismograph besteht aus einer Papierrolle und einer ganz empfindlichen Nadel, die sich hin und her bewegt, wenn die Erde bebt. Diese Nadel hat an ihrer Spitze Tinte. Die Spitze der Nadel berührt die Papierrolle und fährt über ihr entlang. Beginnt die Erde zu beben, bewegt sich auch die Nadel und kritzelt ein Zickzack-Muster auf die Papierrolle. Je stärker die Erde bebt, um so mehr bewegt sich die Nadel und um so größer ist das Gekritzel.
Bei Erdbeben konnte Charles Richter mit Hilfe eines Seismographen verschieden starke Bewegungen der Nadel sehen. Mit seiner selbst ausgedachten Formel berechnete er dann, wie stark das Erdbeben war. Die Stärke hat er dann in Zahlen angegeben. Bis zu einer Stärke von 3,5 ist von einem Erdbeben nicht viel zu spüren. Nur einige Seismographen auf der Welt zeichnen die Schwingungen auf und ein paar Menschen spüren sie auch. Schwankt der Boden stärker, kann es dann aber sehr gefährlich werden. Bei einem Erdbeben der Stärke 7,0 können Gebäude wie Kartenhäuser zusammenbrechen und es besteht Lebensgefahr für die Menschen, die sich noch in ihnen befinden. Straßen können aufreißen und große Brücken einstürzen. In Ländern, in denen nicht so stabil gebaut wird, kann das auch schon bei schwächeren Erdbeben passieren.

Erdöl

E

Bei einem Seebeben bebt die Erde unter dem Meer, und dadurch können große Flutwellen entstehen. 2004 gab es ein sehr starkes Seebeben der Stärke 9,3 in Asien. Es löste eine riesige Flutwelle aus, einen Tsunami, bei dem etwa 300.000 Menschen gestorben sind.

Die Flutwelle hat die ganze Küste zerstört

Es ist wichtig, jede Bewegung der Erdoberfläche mit Seismographen aufzuzeichnen. Die Wissenschaftler können so sagen, wo die Häuser besonders erdbebensicher gebaut werden müssen.

Erdöl

Erdöl ist einer unser wichtigsten Energielieferanten. Aus Erdöl werden Strom, Heizöl und Benzin gewonnen. Viele Dinge, mit denen wir täglich zu tun haben, sind aus Erdöl hergestellt. Erdöl kann in Plastik, Farben, Kerzen und sogar in Kosmetik stecken. Erdöl spielt in unserem Leben also eine sehr wichtige Rolle: wir nutzen es nicht nur, um unsere Wohnungen zu heizen und die Autos zu tanken.
Die → Wirtschaft kann nur Waren produzieren, wenn ausreichend Erdöl vorhanden ist, um die Maschinen am Laufen zu halten. Die hergestellten Waren müssen zu den Käufern gebracht werden – zum Beispiel mit LKWs, die wiederum Benzin brauchen, um zu fahren. So ist unsere ganze Lebensweise vom Erdöl abhängig – ohne Erdöl würde bei uns nichts funktionieren. Die Tatsache, dass unser modernes Leben vom Erdöl abhängig ist, macht das Erdöl so kostbar und die Länder mächtig, die Erdöl besitzen. Erdöl ist so wertvoll, dass es sogar schon Kriege darum gab.
Erdöl ist ein Rohstoff. Es befindet sich unter der Erde und wird von dort mit großen Bohranlagen nach oben befördert. Erdöl gibt es nicht überall – in den USA und

Erdöl

in Russland gibt es viel davon, und auch unter der Nordsee gibt es Erdöl.
Die größten Ölquellen gibt es aber in den Ländern Algerien, Indonesien, Iran, → Irak, Kuwait, Libyen, Nigeria, Katar, Saudi-Arabien, die Vereinigten Arabischen Emirate und Venezuela.

sen andere Energiequellen gefunden werden, um zum Beispiel Autos anzutreiben oder Wohnungen zu heizen. Die einen sagen, dass → Atomkraftwerke hier ein Ausweg sind, andere glauben, dass vor allem die → erneuerbaren Energien vom Erdöl unabhängig machen.

Ölbohrinsel im Meer

Diese Länder haben sich zur → OPEC, der Organisation erdölexportierender Länder, zusammengeschlossen. Gemeinsam legen sie den Preis für das Erdöl fest.
Es gibt zwar große Mengen des Rohstoffs Erdöl, aber irgendwann wird alles Erdöl verbraucht sein. Spätestens bis dahin müs-

Erneuerbare Energien

Wenn es dunkel wird, dann knipsen wir einfach das Licht an. Das ist ganz leicht, denn schließlich haben wir Strom – und den brauchen wir nicht nur für Licht, sondern für unglaublich vieles in unserem Leben.
Es gibt verschiedene Möglichkeiten, Strom zu erzeugen. Aus Kohle, Öl und Gas zum Beispiel. Die Verbrennung dieser Stoffe zur Stromgewinnung ist nicht besonders umweltfreundlich und die Luft wird mit Schadstoffen belastet.
Es gibt aber auch umweltfreundliche Möglichkeiten, Strom zu gewinnen, zum Beispiel mit Sonne, Wind und Wasser. Man spricht von erneuerbaren Energien oder »regenerativer Energie«, denn anders als zum Beispiel bei Kohle und Öl wird die Wärme der Sonne ja nicht aufgebraucht, um Energie zu gewinnen. Sie ist jeden Tag neu da. Bei den erneuerbaren Energien entstehen keine Schadstoffe, die die Luft verschmutzen.
»Erneuerbar« nennt man diese Art der Energie also, weil man aus Sonne, Wind und Wasser jederzeit und immer wieder neue Energie gewinnen kann.
Aus Sonne, Wind und Wasser kann man vor allem elektrischen Strom erzeugen.

Energie aus Sonne

Aus dem Licht der Sonne kann man Energie gewinnen. Das Sonnenlicht trifft auf Solarzellen, die durch eine spezielle Technik das Licht in Energie umwandeln. Richtig große Solarzellenplatten stehen auf Wiesen oder auf Dächern von Häusern. Die so gewonnene Energie kann man dann zum Beispiel im Haus zum Heizen oder Kochen verwenden.

Solarzellen

E

EU

Energie aus Wind

Auch Wind kann Energie liefern. Die Flügel der riesigen Windräder werden vom Wind bewegt. So entsteht Energie. Diese wird gesammelt und kann dann zum Beispiel dafür verwendet werden, dass in einer Stadt abends die Straßenlaternen leuchten.

Energie aus Wasser

So liefert Wasser Energie: Große Wassermengen werden in Stauseen gespeichert. Lässt man dann das gespeicherte Wasser durch spezielle Wasserräder abfließen, wird durch diese Bewegung und den Wasserdruck Energie erzeugt. So ähnlich wie beim Wind und den Windrädern.

EU

Die Abkürzung »EU« steht für »Europäische Union«. Das Wort »Union« kommt vom lateinischen Begriff »unio«. Übersetzt bedeutet es Vereinigung. Union nennt man Vereinigungen, die gemeinsame Ziele haben, zum Beispiel in der → Politik.
Vor mehr als 50 Jahren hatten Politiker verschiedener Länder in Europa die Idee, sich zusammenzutun. Sie wollten so für Frieden und Sicherheit in Europa sorgen, denn in der Geschichte hatte es zwischen den Ländern in Europa immer wieder Kriege gegeben. Zu diesem Zusammenschluss sind nach und nach immer mehr europäische Länder dazugekommen. Erst wurde das Ganze »Europäische Gemeinschaft« – kurz »EG« – genannt, später dann »Europäische Union« – abgekürzt »EU«. Die Fahne der EU ist blau mit einem Kreis aus gelben Sternen.

EU

E

In den ersten Jahren haben die Mitgliedsländer der EU an neuen Regeln für die Zusammenarbeit in der → Wirtschaft gearbeitet. Das bedeutete, innerhalb der EU ohne große Probleme Waren verkaufen und kaufen zu können. In der Zeit vor der EU war das nicht selbstverständlich.

Heute ist die Europäische Union ein Zusammenschluss von 25 Ländern. Mitglieder sind: Belgien, Dänemark, Deutschland, Estland, Finnland, Frankreich, Griechenland, Großbritannien, Irland, Italien, Lettland, Litauen, Luxemburg, Malta, die Niederlande, Österreich, Polen, Portugal, Schweden, die Slowakei, Slowenien, Spanien, die Tschechische Republik, Ungarn und Zypern.

Die EU – also die Gemeinschaft der 25 Länder – hat drei Hauptziele:
- gemeinsam eine starke Wirtschaft in Europa aufzubauen.
- gemeinsam für Sicherheit zu sorgen und den Frieden zu erhalten.
- gemeinsam gegen Kriminelle und Terroristen vorzugehen.

In der EU möchte man erreichen, dass die Länder politisch enger zusammenwachsen. Das bedeutet beispielsweise, dass die Länder gemeinsame Gesetze festlegen, die in allen Ländern der EU gleich sind.

12 der 25 Länder der Europäischen Union haben sich auch entschieden, dass sie den → Euro als gemeinsame Währung haben wollen.

Die Flaggen der Mitgliedsländer der EU

Zwischen den EU-Ländern gibt es keine Grenzkontrollen mehr, die EU kontrolliert dafür aber sehr genau an ihrer Außengrenze zu den Ländern, die nicht zur EU gehören. Gemeinsam legen die EU-Länder zum Beispiel fest, wer einreisen darf und in welchem Land ein Flüchtling → Asyl bekommen kann.

In der Zusammenarbeit innerhalb der EU geht es auch um den Umweltschutz. Es ist logisch, dass alle gemeinsam auf die Umwelt

EU-Kommission

achten und nicht ein Land Flüsse und Luft verschmutzt und die Nachbarländer dann darunter leiden müssen.
Alle Themen, die für die EU wichtig sind, werden im → Europäischen Parlament besprochen. Vorschläge für gemeinsame Gesetze macht die → EU-Kommission. Sie passt auch auf, dass sich alle Länder an die Vereinbarungen halten.
Immer mehr europäische Länder wollen in die EU. Die Voraussetzung dafür ist, dass diese Länder eine → Demokratie sind und dass sie die → Menschenrechte beachten. Als nächstes wollen Bulgarien und Rumänien aufgenommen werden. Auch die Türkei, Kroatien, Mazedonien und die Ukraine wären gerne Mitgliedsländer der EU.

EU-Kommission

Die EU-Kommission ist ein Team von Politikern, die für die → Europäische Union (EU) arbeiten. Die Mitglieder in der Kommission heißen Kommissare. Sie sind aber keine Polizisten, sondern Politiker aus allen Ländern der Europäischen Union – aus jedem Land einer, also insgesamt 25.

Kommissare für Europa

Das Wort Kommission kommt von dem Verb »kommittieren«. Das bedeutet so viel wie »beauftragen«. Man könnte also sagen: Die 25 Kommissare sind die EU-Beauftragten. Alle EU-Kommissare haben den Auftrag, das Beste für die Europäische Union zu tun. Sie sollen nicht nur die Interessen ihrer Heimatländer vertreten, sondern müssen vor allem an ganz Europa denken.

Die EU-Kommission hat drei wichtige Aufgaben

- Sie macht Vorschläge für neue europäische Gesetze, die sie an das → Europäische Parlament weitergibt, damit sie dort besprochen und beschlossen werden können.
- Sie kontrolliert, ob sich alle

EU-Kommission

Länder der EU an die europäischen Gesetze halten.
- Sie kontrolliert, wofür die Europäische Union Geld ausgibt und dass nichts verschwendet wird.

Die EU-Kommission ist also ganz wichtig für Europa und die 25 Mitgliedsstaaten.

Der Präsident

Der Präsident der EU-Kommission schlägt die Mitglieder vor. Nachdem er sein Team ausgewählt hat, muss das Europäische Parlament der Auswahl zustimmen, und dann kann die Arbeit beginnen, die der Präsident organisiert:
- Er sagt, wann die Kommissionsmitglieder sich treffen.
- Er bereitet die Treffen vor und schlägt vor, worüber gesprochen wird.
- Er kann seinen Kommissionskollegen besondere Aufgaben geben und Arbeitsgruppen zu wichtigen Themen einrichten.
- Er ist der Sprecher der Kommission und vertritt sie auch auf Treffen mit anderen.

Wer wählt den Präsidenten?

Der Präsident der EU-Kommission wird nicht von den Bürgern der EU gewählt. Es gibt auch nicht mehrere Kandidaten zur Auswahl. Die Regierungschefs der EU-Mitgliedsländer schlagen einen Kandidaten vor, auf den sie sich vorher geeinigt haben.

Bundeskanzlerin Angela Merkel mit José Manuel Barroso, dem Präsidenten der EU-Kommission

Nachdem sich die Regierungschefs geeinigt haben, muss das Europäische Parlament dem Vorschlag zustimmen. Danach ist der Präsident für fünf Jahre im Amt. Seit November 2004 ist das ein Politiker aus Portugal. Sein Name ist José Manuel Barroso.

Euro

Euro

Am 1. Januar 2002 war ein wichtiger Tag für zwölf Länder der → Europäischen Union (EU). Seit diesem Tag wird in Belgien, Deutschland, Finnland, Frankreich, Griechenland, Irland, Italien, Luxemburg, den Niederlanden, Österreich, Portugal und Spanien mit dem gleichen Geld, dem Euro bezahlt. Er ist die Währung, also das Geld in diesen Ländern.
Vorher haben die Menschen in diesen Ländern mit unterschiedlichen Währungen bezahlt: mit französischen Francs oder italienischen Lire oder griechischen Drachmen zum Beispiel.
Auch an den Euromünzen kann man noch erkennen, aus welchem Land das Geld kommt. Die Münzen haben unterschiedliche Rückseiten – jedes Land hat ein anderes Motiv. Auf den deutschen Euromünzen sieht man zum Beispiel den Bundesadler, auf den irischen ist eine Harfe abgebildet und auf den italienischen ein Kunstwerk von Leonardo da Vinci.

Irische Euro-Münzen

In Deutschland löste der Euro die D-Mark – also die Deutsche Mark – ab. Seit dem 1. März 2002 gilt auch bei uns nur noch der Euro, egal ob mit deutscher Rückseite oder einer anderen.

Erinnerung

Das alte Geld haben die Banken eingesammelt und zerstört. Man konnte das zerschredderte Geld als Andenken kaufen, aber es war nichts mehr wert.
In Deutschland erinnern sich noch viele Menschen an die

Euro

E

D-Mark und an das Kleingeld, die Pfennige. Manche freuen sich, dass jetzt in Euro bezahlt wird. Andere wünschen sich die D-Mark zurück.
Es gibt auch noch viele Redewendungen, in denen die D-Mark vorkommt, zum Beispiel sagt man ja »Jemand hat keine müde Mark mehr in der Tasche« wenn einer pleite ist, oder »Der dreht jeden Pfennig zweimal um«, wenn einer geizig ist.

Vor- und Nachteile des Euro

Vorteile des Euro:
Wenn ihr in einem europäischen Land Urlaub macht, in dem mit Euro bezahlt wird, müsst ihr kein Geld mehr umtauschen. Auch das lästige Umrechnen fällt weg. So könnt ihr viel schneller sehen, ob ihr im Ausland viel oder wenig Geld ausgebt. Dazu müsst ihr einfach nur die Preise im Urlaub mit denen bei euch zu Hause vergleichen.
Natürlich ist die gemeinsame europäische Währung nicht nur im Urlaub praktisch. Sie ist insbesondere für die → Wirtschaft wichtig – also für den Handel zwischen den europäischen Ländern. Ständig werden innerhalb von Europa Waren aus einem Land in ein anderes verkauft – mit dem Euro muss man nicht mehr umrechnen.

Nachteile des Euro:
Viele Leute sind sauer, weil sie finden, dass durch die Einführung des Euro alles teurer geworden ist. Ganz unrecht haben sie damit nicht: zum Beispiel bei den Preisen in vielen Kneipen und Cafés. Dort kosten seit der Euro-Einführung viele Getränke fast doppelt so viel wie früher. In anderen Bereichen sind die Preise aber nicht so gestiegen.

Die EU und das Geld

Je mehr europäische Länder den Euro haben, desto einfacher wird es, miteinander zu handeln. Das Geld muss nicht erst in die einzelnen Währungen umgerechnet werden und die Länder können ihre Preise gut miteinander vergleichen.

Europäisches Parlament

Europäisches Parlament

Jedes Land in Europa hat ein Parlament, in dem die Politiker sitzen, die von den Bürgern des Landes gewählt wurden. Zusätzlich gibt es noch ein Parlament für alle Länder in Europa:

Das Europäische Parlament. Das Europäische Parlament ist die Vertretung der Menschen in ganz Europa.

Aber warum gibt es ein extra Parlament für Europa, wenn doch jedes Land schon ein eigenes Parlament hat? Es gibt viele Themen, die über die Grenzen eines Landes hinaus wichtig sind. Zum Beispiel der Schutz der Umwelt: alle Länder müssen gemeinsam darauf achten, damit nicht der eine die Umwelt sauber hält und der Nachbar alles verdreckt.

Das Europäische Parlament entscheidet über neue Gesetze für alle EU-Bürger und passt auf, dass die → Menschenrechte in Europa eingehalten werden. Alle fünf Jahre wählen die Menschen aus den 25 Ländern der → Europäischen Union (EU) ihre Politiker in dieses Parlament. Das jetzige Europäische Parlament wurde am 13. Juni 2004 gewählt. Es besteht aus 732 Politikern aus den 25 Ländern.

Das Europäische Parlament trifft sich in der französischen Stadt Straßburg – und das Gebäude, in dem sich die Politiker dort treffen, heißt auch Europäisches Parlament. Zwölf Mal im Jahr treffen sich die Politiker aber auch in der belgischen Hauptstadt Brüssel, und es gibt auch Mitarbeiter des Europäischen Parlaments in Luxemburg.

Fair Trade

Das europäische Jugendparlament EYP

1987 wurde zusätzlich ein europäisches Jugendparlament gegründet. Mehrmals im Jahr treffen sich über 300 Jugendliche im Alter zwischen 16 und 22 Jahren aus ganz Europa für jeweils neun Tage. Die Treffen finden jedes Mal in einer anderen Stadt statt. Bei diesen Treffen sprechen sie über Europa und was dort besser gemacht werden könnte. Schüler von der 10. bis zur 12. Klasse können sich über ihre Schule dafür bewerben. Informationen dazu gibt es im Internet unter www.eyp.org.

Fair Trade

Der Begriff »Fair Trade« ist englisch und heißt übersetzt »gerechter Handel«, also gerechter Kauf und Verkauf von verschiedenen Dingen. Wenn es um »Fair Trade« geht, ist vor allem der gerechte Handel mit Lebensmitteln, wie Kaffee, Kakao, Orangensaft und Bananen, gemeint. Aber auch mit Kleidung, Schmuck, Spielzeug und anderen Dingen wird gerecht gehandelt.

Fair gehandelter Tee

Leider ist der Handel oft nicht fair. Es gibt zum Beispiel viele Arbeiter auf großen Bananen- oder Kaffee-Plantagen, die für sehr wenig Geld sehr hart

Fair Trade

F

arbeiten müssen. Auch → Kinderarbeit ist dort weit verbreitet. Die Besitzer der Plantagen, die die Bananen oder die Kaffeebohnen verkaufen, verdienen dagegen richtig viel Geld. Dass sie davon nur sehr wenig als Lohn an die Arbeiter abgeben, ist ungerecht.

Damit es gerechter zugeht, haben sich Menschen aus der ganzen Welt zusammengetan und »Fair Trade« gegründet. Sie sind für fairen Handel.

Vier Grundsätze für »Fair Trade«:
- Die Arbeiter in armen Ländern sollen einen anständigen Lohn für ihre Arbeit bekommen. Sie sollen für ihre Arbeit auf den Plantagen gerecht bezahlt werden. Die Besitzer der Plantagen sollen also mehr Lohn bezahlen.
- Kinder, die auf den Plantagen arbeiten müssen, sollen gerecht bezahlt werden. Und sie sollen zusätzlich auch zur Schule gehen können, das heißt, sie dürfen nicht den ganzen Tag auf den Plantagen arbeiten.
- Das Leben der Arbeiter soll sich insgesamt verbessern. Von dem Geld, das der Käufer im Laden für die Bananen zahlt, sollen auch Werkzeuge und Medikamente gekauft werden und Schulen und Brunnen für die Arbeiter und ihre Kinder gebaut werden.
- Auf den Plantagen sollen keine Pflanzenschutzmittel mehr versprüht werden. Diese Mittel sind für die Arbeiter auf den Plantagen nämlich nicht gesund. Und auch der Kakao und die Bananen sind ohne giftige Pflanzenschutzmittel gesünder.

Das alles bedeutet, dass die Besitzer der Plantagen, die bei »Fair Trade« mitmachen, mehr Geld an ihre Arbeiter zahlen müssen. Weil die Besitzer der Plantagen aber trotzdem nicht weniger Geld verdienen wollen, verkaufen sie die Bananen, Kaffeebohnen oder den Kakao teurer. Das bedeutet, dass wir mehr Geld für Lebensmittel von den Plantagen bezahlen müssen, wo die Arbeiter gerecht bezahlt wurden.

Die Menschen, die den gerechten Handel unterstützen, hoffen, dass möglichst viele Leute auf der Welt den fairen Handel gut finden, auch wenn sie etwas mehr bezahlen müssen.

Dafür kann den Plantagenarbeitern und auch

Föderalismus

den arbeitenden Kindern sehr geholfen werden.
In einigen Supermärkten findet man auf manchen Verpackungen Hinweise darauf, dass die Lebensmittel »gerecht« gehandelt wurden – manchmal sogar mit dem Zeichen von »Fair Trade«.

Föderalismus

Das Wort »Föderalismus« kommt aus dem Lateinischen und bedeutet »Bündnis«, also so viel wie Zusammenschluss.
Deutschland ist ein föderalistisches Land, das heißt, mehrere Bundesländer haben sich zu einem Staat zusammengeschlossen.
In Deutschland gibt es sechzehn Bundesländer. Sie haben alle eine eigene → Landesregierung, die bei vielen wichtigen Themen selbst entscheiden kann, was in den Bundesländern passiert.
Die Politiker in den verschiedenen Landesregierungen können aber nicht über alles bestimmen. Sie müssen eng mit der → Bundesregierung zusammenarbeiten, an deren Spitze der → Bundeskanzler steht.
Die Bundesregierung wird auch kurz »Bund« genannt, die Landesregierungen nennt man auch »Länder«.
Zusammengefasst kann man sagen: Wenn mehrere Bundesländer sich zu einem Bundesstaat zusammengeschlossen haben und die Macht der Politiker zwischen Bund und Ländern aufgeteilt ist, nennt man das Föderalismus.

Föderalismus

Wer ist zuständig?

Die Politiker der Bundesregierung arbeiten in der Hauptstadt Berlin. Dort entscheiden sie viele Dinge, die dann für alle Bundesländer, also für ganz Deutschland, gelten. Sie bestimmen zum Beispiel, wie die Menschen versorgt werden, wenn sie in Rente gehen.

Der ehemalige Bundespräsident Johannes Rau 2003 in Lübeck auf einer Veranstaltung zum Thema Föderalismus

Zu den Bereichen, in denen die Bundesländer alleine entscheiden können, gehört unter anderem alles, was die Schule betrifft.

Gemeinsam entscheiden

Über viele Gesetze entscheiden die Politiker von Bund und Ländern gemeinsam. Das funktioniert so: Die Politiker im → Bundestag beschließen ein neues Gesetz. Danach wird es von Vertretern der sechzehn Bundesländer im → Bundesrat diskutiert. Erst, wenn sich alle einig sind, also Bundestag und Bundesrat dem Gesetz zugestimmt haben und auch der → Bundespräsident es unterschrieben hat, wird das Gesetz gültig.

Wozu ist das gut?

Viele Menschen finden den Föderalismus gut, weil es damit verschiedene Gruppen gibt, die die → Politik mitbestimmen. Sie kontrollieren sich gegenseitig: zum Beispiel die Politiker aus den Bundesländern den Bundeskanzler.
Andere aber sagen, dass der Föderalismus besser abgeschafft werden sollte, weil die Zusammenarbeit zwischen Bund und Ländern nicht immer gut funktioniert. Sie sind der Meinung, dass es oft viel zu lange dauert, bis sich die Politiker der Bundesregierung mit den Politikern der Landesregierungen geeinigt haben und dass dabei zu viele Kompromisse gemacht werden müssen.
Zur Zeit diskutieren deshalb die → Parteien über eine Umgestaltung des föderalistischen Systems in Deutschland.

Folter

Föderalismus im Grundgesetz

Selbst wenn man wollte, könnte man den Föderalismus nicht einfach so abschaffen. Dafür müsste man erst das ➔ Grundgesetz ändern, denn darin steht, dass Deutschland ein Bundesstaat ist, also von Bund und Ländern gemeinsam regiert werden muss.

Folter

Folter ist, wenn ein Gefangener gezielt gequält wird, damit er eine Aussage oder ein Geständnis macht. Folter ist körperliche und seelische Gewalt.
Es gibt viele Arten von Folter. Folter ist es zum Beispiel, wenn ein Gefangener alleine in eine Zelle gesperrt wird, von allen anderen Menschen isoliert ist, niemand mit ihm spricht und auch er mit keinem reden kann. Auch Schlafentzug ist Folter, wenn also das Licht Tag und Nacht an ist und der Gefangene immer wieder geweckt wird, wenn er einschlafen will. Oder wenn der Gefangene über viele Stunden in der gleichen Position stehen muss und sich nicht bewegen darf.
Eine andere Foltermethode sind Scheinhinrichtungen. Der Folterer sagt dem Gefangenen, dass er ihn jetzt töten wird, wenn er nichts verrät. Er hält ihm eine Waffe an den Kopf und drückt auch ab. Der Gefangene weiß nicht, das die Waffe nicht geladen ist, und hat Todesangst.
In Gefängnissen von Diktatoren gibt es noch schlimmere und grausamere Foltermethoden. Durch die Folter soll der Willen des Opfers gebrochen werden. Wenn die Schmerzen, die Angst

Folter

oder die Erschöpfung irgendwann zu groß werden, sagt der Gefangene vielleicht Dinge, die er ohne Folter niemals gesagt hätte.

Folter ist international verboten. Sie verstößt gegen die → Menschenrechte. Seit 1984 gibt es eine Übereinkunft der → UNO, der über 140 Länder zugestimmt haben: die UN-Anti-Folter-Konvention. In der Übereinkunft steht, was Folter ist, wie sie verhindert werden kann und wie diejenigen bestraft werden sollen, die gefoltert haben.

Eine Aktion gegen Folter von *amnesty international* am Berliner Reichstag

Leider ist es aber so, dass trotzdem Gefangene in verschiedenen Ländern der Erde gefoltert werden. Auch dem Geheimdienst der USA, der → CIA, wird immer wieder vorgeworfen, dass er bei Verhören Methoden anwendet, die man als Folter bezeichnen kann. Menschenrechtsgruppen fordern, dass man noch genauer beschreiben muss, welche Verhaltensweisen Folter sind, und dass noch strenger darauf geachtet werden sollte, dass in keinem Land der Welt gefoltert wird.

Fraktion

Der Begriff »Fraktion« kommt aus dem Lateinischen. Übersetzt bedeutet es soviel wie »Bruchteil«.
Das Wort »Fraktion« hört man oft in der → Politik.
Im → Bundestag werden die gewählten Politiker einer → Partei als Fraktion bezeichnet, man spricht zum Beispiel von der SPD-Fraktion.
Es gibt auch Fraktionen, in denen die Politiker zu verschiedenen Parteien gehören. Das ist zum Beispiel bei den Parteien CDU und CSU so. Im Bundestag bilden sie gemeinsam die CDU/CSU-Fraktion. Jede Fraktion hat einen Fraktionsvorsitzenden.
Im Bundestag gibt es klare Regeln darüber, wer eine Fraktion bilden darf und wer nicht. Eine Fraktion darf erst gebildet werden, wenn eine Partei fünf Prozent oder mehr Politiker im Bundestag hat (→ Fünf-Prozent-Hürde). Fünf Prozent von hundert Politikern sind fünf Politiker. Im Bundestag sitzen aber mehr als hundert Politiker. Deshalb muss nach jeder Wahl genau ausgerechnet werden, wie viele Politiker eine Partei im Bundestag haben muss, damit sie eine Fraktion bilden kann.
Die Politiker der Parteien bilden eine Fraktion, weil Fraktionen bestimmte Rechte im Bundestag haben. Die Mitglieder einer Fraktion haben zum Beispiel das Recht auf einen eigenen Raum, in dem sie miteinander diskutieren können. Außerdem bekommen sie Geld für die Arbeit ihrer Fraktion.
Bei Abstimmungen sollen die Mitglieder einer Fraktion sich alle gleich entscheiden. Von den Politikern wird also erwartet, dass sie das tun, was innerhalb ihrer Fraktion entschieden wurde. Es kann sie aber niemand dazu zwingen. Jeder Politiker soll unabhängig davon, was seine Fraktion will, immer nach seinem Gewissen entscheiden.

Fundamentalismus

Fundamentalismus

Das Wort »Fundamentalismus« kommt von dem lateinischen Wort »Fundament«, das so viel heißt wie »Grundlage«. Als Fundamentalismus bezeichnet man die Rückbesinnung auf das Fundament, also die Grundlagen der Religion. Fundamentalisten gibt es in jeder Religion. Sie sind strenggläubig und denken häufig, dass ihre Religion die einzig richtige ist und dass jeder, der einen anderen Glauben hat, bekämpft werden muss.

Der Begriff Fundamentalisten wird oft im Zusammenhang mit dem ➔ Islam gebraucht. Der Islam ist eine Religion wie das ➔ Christentum oder das ➔ Judentum. Die Anhänger des Islam nennt man Muslime. Der Islam ist eigentlich eine fried-

Muslimische Frauen auf einer fundamentalistischen Kundgebung in London

liche Religion, denn im Koran, der heiligen Schrift der Muslime, steht, dass der Islam gewaltfrei sein soll.

Es gibt aber fundamentalistische Gläubige, für die der Islam die einzig richtige Religion ist und die wollen, dass alle Menschen streng nach den Regeln des Islam leben. Diese Leute nennt man islamistische Fundamentalisten oder Islamisten.

Manche von ihnen wollen ihre Religion mit Gewalt durchsetzen. Sie hassen alle Länder, in denen die Menschen anderen Religionen angehören. Deshalb bekämpft ein Teil der islamistischen Fundamentalisten die Menschen aus diesen Ländern mit Terroranschlägen.

Um von der Polizei nicht so leicht gefunden zu werden, haben sich diese Terroristen auf der ganzen Welt versteckt. Sie halten untereinander Kontakt mit geheimen Botschaften zum Beispiel über das Internet. Weil diese Terroristen auf diese Weise wie die Fäden eines Netzes miteinander verbunden sind, spricht man auch von einem islamistischen Terrornetzwerk.

Die bekannteste Gruppe innerhalb dieses Netzwerkes ist die Terrorgruppe ➔ El Kaida. »El Kaida« ist arabisch und heißt so viel wie »die Basis«. Anhänger der El Kaida gibt es in vielen Ländern. Ihr Anführer ist Osama Bin Laden. Er ist der am meisten gesuchte Terrorist der Welt.

Fünf-Prozent-Hürde

Fünf-Prozent-Hürde

Bei jeder → Bundestagswahl und jeder Landtagswahl können sich die Wählerinnen und Wähler zwischen verschiedenen → Parteien entscheiden. Auf dem Wahlzettel stehen aber nicht nur die großen und bekannten Parteien, wie zum Beispiel die CDU und die SPD, sondern auch ziemlich viele kleine, nicht so bekannte Parteien.

Jede Partei braucht viele Stimmen

Wenn jede Partei, die bei einer Wahl nur ein paar wenige Stimmen bekommt, automatisch einen Politiker in den → Bundestag oder Landtag schicken dürfte, dann würde es dort ein großes Durcheinander von vielen Parteien geben. Und dann wäre es sehr schwierig, sich zu einigen, zum Beispiel wenn ein neues Gesetz beschlossen werden soll.
Damit es also nicht zu viele kleine Parteien im Bundestag und den Landtagen gibt, ist man auf die Idee der Fünf-Prozent-Hürde gekommen. Das funktioniert wie beim Hürdenlauf: Die Hürde liegt bei fünf Prozent. So viele Stimmen muss eine Partei mindestens bekommen, wenn sie in den Bundestag oder Landtag will. Wer nicht über die Hürde kommt, schafft es auch nicht ins Ziel. Wer bei der Wahl also nicht über fünf Prozent der Stimmen kommt, schafft es auch nicht in den Bundestag.

Fünf von Hundert sind fünf Prozent

Wenn von 100 Wählern fünf ihre Stimme für eine Partei abgeben, dann hat diese Partei fünf Prozent der Stimmen. Natürlich geben bei einer Wahl mehr als 100 Leute ihre Stimme ab. Bei 1.000 Wählern müssen schon 50 für diese Partei stimmen, damit fünf Prozent erreicht werden, bei 10.000 Wählern sind es 500 Stimmen, die benötigt werden usw.
Bei einer Wahl muss man alle Wähler in Deutschland zusammenrechnen und dann schauen, ob eine Partei fünf Prozent aller Stimmen bekommen hat. Wenn ja – oder wenn es sogar mehr Stimmen sind – darf sie im Bundestag oder im Landtag mitbestimmen.

G8

G8

»G8« ist die Abkürzung für »Gruppe der Acht«. Zu der Gruppe der Acht gehören die wichtigsten Industriestaaten der Welt: Deutschland, Italien, Frankreich, Großbritannien, Japan, die USA und Kanada. Als achtes Land ist Russland dabei. Die Industriestaaten sind Länder mit einer starken → Wirtschaft. Sie stellen viele Dinge her und verkaufen sie weltweit. Dadurch verdienen sie viel Geld. Weil sie so reich und mächtig sind, haben sie in der Welt viel zu sagen. Sie treffen viele wichtige Entscheidungen für → Politik und → Wirtschaft.

G8-Konferenz in London

Einmal im Jahr treffen sich Politiker der acht Länder auf dem Weltwirtschaftsgipfel. Ein wichtiges Thema dort ist immer wieder, wie man mit den armen Ländern in der Welt handeln soll und wie man sie unterstützen kann. Außerdem sprechen die Teilnehmer regelmäßig darüber, wie es der Wirtschaft geht und was die einzelnen Staaten tun können, damit es der Wirtschaft noch besser geht.

Proteste bei einer G8-Konferenz in den USA

Meistens gibt es bei den Treffen der G8-Politiker große Protest-Demonstrationen. Die Demonstranten nutzen die Gelegenheit, dass wichtige Politiker aus mächtigen Ländern an einem Ort versammelt sind, für ihren Protest. Die Demonstranten sind Leute, die mit den Entscheidungen der G8-Politiker nicht einverstanden sind. Sie meinen, dass die Politiker aus den G8-Ländern viel zu sehr an ihre eigenen Länder und Interessen denken und den armen Ländern nicht genug helfen.
Die Demonstranten werfen den reichen G8-Ländern vor, dass sie den ärmeren Ländern Vorschriften darüber aufzwingen, wie ihre Wirtschaft funktio-

Genfer Konventionen

nieren soll. Sie kritisieren, dass diese Vorschriften dazu führen, dass nur darauf geachtet wird, dass die Wirtschaft genügend Geld verdient. Und dass nicht beachtet wird, ob es den Menschen in den armen Ländern auch gut geht, ob die Fabrikarbeiter dort anständig bezahlt werden und ob ihre Rechte beachtet werden.

Genfer Konventionen

Die Genfer Konventionen sind Regeln, die Menschen während eines Krieges schützen sollen. 192 Länder haben die Genfer Konventionen von 1949 unterschrieben und versprochen, sich daran zu halten.

Genaue Regeln

In der Genfer Konvention steht zum Beispiel, dass Gefangene selbst im Krieg von ihren Feinden menschlich behandelt werden müssen.
Das heißt, dass Gefangene weder körperlich noch seelisch verletzt werden dürfen. Außerdem müssen Verwundete verarztet werden und alle Gefangenen müssen genug zu essen und zu trinken bekommen. Eine weitere Regel sagt, dass Gefangene die Möglichkeit haben müssen, sich zu waschen und auf die Toilette zu gehen.

Wie entstand die Genfer Konvention?

Die erste Fassung der Genfer Konvention entstand 1864, also vor fast 150 Jahren. Darin wurde geregelt, dass alle Länder die Pflicht haben, verletzten Soldaten auf dem Schlachtfeld zu

Genfer Konventionen

helfen – egal ob sie Feinde sind oder nicht.
1949 wurde die Genfer Konvention überarbeitet. Seither schützen die Regeln nicht nur die Verletzten auf dem Schlachtfeld,

Unterzeichnung der 1. Genfer Konvention 1864

sondern auch Kriegsgefangene und die → Zivilbevölkerung, also die Menschen, die nicht als Soldaten kämpfen. Zu den Zivilisten gehören vor allem Frauen und Kinder. Seit 1949 steht zum Beispiel in der Genfer Konvention, dass Kinder auch im Krieg nicht von ihren Eltern getrennt werden dürfen.

Halten sich alle daran?

Das Internationale Komitee vom Roten Kreuz in Genf ist eine Organisation, die aufpasst, dass sich die Länder an die Genfer Konvention halten. Natürlich ist es gerade dort, wo Krieg ist, sehr schwer zu kontrollieren, ob sich alle an die Regeln der Genfer Konvention halten. Wenn ein Land dagegen verstößt, kann das Internationale Komitee vom Roten Kreuz den Verstoß dem → Internationalen Gerichtshof in Den Haag in den Niederlanden melden. Dort müssen dann die Richter entscheiden, wie mit dem Verstoß der Länder gegen die Genfer Konvention umgegangen werden soll.

Gentechnik

Gentechnik

Jedes Lebewesen besteht aus Zellen – auch der Mensch. Eine Zelle ist unglaublich klein, man kann sie nur unter dem Mikroskop sehen.
Jede Zelle enthält viele noch kleinere Bausteine. In diesen Bausteinen sind alle Informationen gespeichert, die uns von unseren Eltern vererbt wurden: zum Beispiel die Haarfarbe oder die Körpergröße. Diese Informationen nennt man auch Erbmaterial, Gene oder auch DNA. In einem Forschungslabor kann man diese Informationen in den

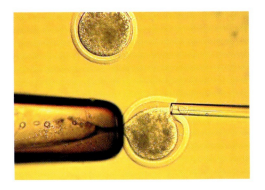

Zellen voneinander trennen – man kann also ein einzelnes Gen herauslösen und es dann genau untersuchen. Die herausgelösten Gene kann man auch ganz neu wieder zusammensetzen. Die Technik, die dieses »Trennen und wieder Zusammensetzen« beschreibt, nennt man Gentechnik.

Gentechnisch veränderte Pflanzen

Nicht nur der Mensch besteht aus unendlich vielen kleinen Bausteinen, sondern auch Tiere und Pflanzen. Bei Pflanzen ist die Zusammensetzung der einzelnen Teilchen, der so genannten DNA, nicht so kompliziert wie beim Menschen. Bei vielen Pflanzen wissen die Wissenschaftler schon ganz genau, welcher Baustein für welche Eigenschaft verantwortlich ist. Sie haben also zum Beispiel herausgefunden, welche Teilchen die Pflanzen besonders schnell wachsen lassen und welche Bausteine für die Farbe ihrer Blüten und Früchte verantwortlich sind.
Weil sie die verschiedenen Pflanzen-Bausteine genau kennen, können die Wissenschaftler nicht nur Pflanzen in speziellen Labors nachbauen, sondern auch ganz neue Pflanzen aus den Genen zusammensetzen.
Sie setzen im Labor also bestimmte Pflanzenbausteine neu zusammen. Später wächst aus dieser neuen Bausteinsammlung dann eine neue Pflanze. Oder sie behandeln die Gene einer normalen Pflanze so intensiv mit chemischen Stoffen, dass sich ihre Bausteine für immer verändern. Das bedeutet

Gentechnik

dann automatisch, dass auch der Samen der Pflanze anders ist und alle ihre Nachkommen genau so aussehen, wie die Wissenschaftler wollen.

In verschiedenen Ländern werden auf diese Weise Pflanzen gentechnisch verändert und auch verkauft: Weizen, Mais, Erdbeeren oder Tomaten zum Beispiel. Für die Lebensmittelhersteller haben die gentechnisch veränderten Pflanzen einige Vorteile. Die neuen Pflanzen sind so umgebaut, dass sie den Schädlingen auf dem Feld nicht mehr schmecken. Sie müssen nicht mit giftigen Stoffen vor Ungeziefer geschützt werden. Die Wissenschaftler haben den Pflanzen einfach einen Baustein einge-

baut, der wie ein Impfstoff gegen Schädlinge wirkt. Andere Veränderungen der Pflanzen-Gene führen dazu, dass die Früchte der veränderten Pflanzen niemals klein und verschrumpelt sind, sondern immer groß und gleichmäßig.

Das hört sich zunächst alles gut an. Noch weiß aber keiner so recht, ob die künstlich veränderten Pflanzen für den Menschen gut sind oder vielleicht gefährlich. In Deutschland ist es deshalb bisher verboten, Nahrungsmittel gentechnisch zu verändern. Viele Umweltschützer setzen sich dafür ein, dass das auch so bleibt. Und viele Käufer wollen auch lieber natürliche Früchte, selbst wenn die mal kleiner sind. Sie finden, es ist nicht ausreichend getestet, ob die veränderten Lebensmittel unserer Gesundheit schaden. Genetisch veränderte Lebensmittel aus anderen Ländern, die bei uns verkauft werden, müssen gekennzeichnet werden: Es muss also auf der Verpackung stehen, wenn die Lebensmittel gentechnisch verändert wurden.

Klonen

Die Wissenschaftler können nicht nur Pflanzen künstlich nachbauen, sondern auch Tiere. Das nennt man dann klonen. Das

Gewerkschaft

berühmteste geklonte Tier, das die Wissenschaftler aus Zellen geschaffen haben, war das Klon-Schaf Dolly. Es wurde 6 Jahre alt.

Manche Wissenschaftler träumen sogar davon, Menschen künstlich nachzubauen. Das ist aber verboten. Mit Menschenzellen darf nur experimentiert werden, um Heilungsmethoden für kranke Menschen zu finden. Die Regeln hierfür sind von Land zu Land unterschiedlich.

Gewerkschaft

In einer Gewerkschaft schließen sich Leute zusammen, die den gleichen oder einen ähnlichen Beruf haben. Sie besprechen gemeinsam, was für ihren Beruf wichtig ist. Die Mitglieder einer Gewerkschaft wählen aus ihrem Kreis Vertreter, die dann für alle in der Gewerkschaft sprechen dürfen. Wenn es zum Beispiel etwas mit den Chefs zu besprechen gibt, können ja nicht alle Arbeiter einer Fabrik gleichzeitig zum Chef – also dem → Arbeitgeber – gehen und mit ihm reden. Die Vertreter der Gewerkschaft sind so ähnlich wie ein Klassensprecher für seine Klasse. Die Gewerkschaften vertreten also die Anliegen und Wünsche ihrer Mitglieder und auch aller anderen Leute, die den gleichen oder einen ähnlichen Beruf haben, gegenüber den Arbeitgebern. Die größten Gewerkschaften in Deutschland sind im Deutschen Gewerkschaftsbund (DGB) zusammengeschlossen.
Die → Arbeitgeber und ihre Mitarbeiter wollen nicht immer das Gleiche.
Ein Beispiel: Die Arbeiter in den Fabriken, in denen Autos hergestellt werden, fordern eine bessere Bezahlung. Die Arbeitgeber – also die Besitzer der Autofabriken – sind davon nicht

Gewerkschaft

begeistert. Sie sagen: wenn wir den Arbeitern mehr Geld bezahlen, verdienen wir nicht mehr ausreichend. Wir müssten dann die Autopreise erhöhen, dann kauft keiner mehr unsere Autos. Wir müssten die Fabrik im schlimmsten Fall schließen und alle wären arbeitslos.

Die Gewerkschaften verhandeln dann mit den Arbeitgebern. Sie treffen sich mit ihnen und besprechen, ob eine Lohnerhöhung für die Arbeiter nicht doch möglich ist und ob es wirklich stimmt, dass zu wenig Gewinn gemacht wird, wenn die Arbeiter mehr verdienen.
Wenn Gewerkschaften und Arbeitgeber sich nicht einig werden, kann es sein, dass die Gewerkschaften zum Streik aufrufen. Streik bedeutet, dass die Arbeiter nicht zur Arbeit antreten, sondern vor der Fabrik demonstrieren, um ihre Forderungen durchzusetzen.
Die Gewerkschaften reden mit den Arbeitgebern aber nicht nur über Geld, sondern auch über viele andere Themen, zum Beispiel darüber, wie viele Stunden pro Woche gearbeitet wird oder über die Sicherheit der Arbeitsplätze.

Gleichberechtigung

Gleichberechtigung

Gleichberechtigung bedeutet, dass alle die gleichen Rechte haben. Egal, ob jemand ein Mann oder eine Frau ist. Im → Grundgesetz steht, dass Frauen die gleichen Rechte haben wie Männer. Das hört sich vielleicht ganz selbstverständlich an. Erst beim genaueren Hinschauen sieht man, dass das so selbstverständlich nicht ist.
Es noch nicht so lange her, dass jeder dachte, Söhne seien besser und wertvoller als Töchter. Fast alle, auch die Frauen, wollten lieber Jungs als Nachwuchs. Die Jungen bekamen die bessere Ausbildung und die Mädchen sollten hauptsächlich lernen, wie der Haushalt funktioniert. Man fand es ganz normal, dass Mädchen und Frauen fürs Kochen, Putzen, Nähen und die Kindererziehung zuständig sind und die Männer für den Beruf.
In dieser Zeit mussten die Frauen den Männern gehorchen und durften nichts alleine entscheiden. Noch bis 1971 durfte eine Frau in Deutschland nur arbeiten gehen, »wenn sie ihre familiären Verpflichtungen nicht vernachlässigte« – das heißt: sie allein war für den Haushalt und die Kindererziehung verantwortlich. Männer dürfen wählen, seit es die → Demokratie gibt, das Wahlrecht für Frauen wurde dagegen erst 1918 in Deutschland eingeführt. In der Schweiz – einem unserer Nachbarländer – dürfen erst seit 1990 alle Frauen bei allen Wahlen ihre Stimme abgeben.
Lange Zeit haben die Frauen für ihre Gleichberechtigung gekämpft. Heute sind Männer und Frauen, Mädchen und Jungen in Deutschland tatsächlich gesetzlich gleichberechtigt.

Mädchen in einem Forschungsinstitut am Girls' Day, dem Mädchenzukunftstag

Trotzdem gibt es immer noch Unterschiede. In Deutschland gibt es immer noch sehr wenige Frauen, die Chefin einer Firma werden. Außerdem bekommen Frauen in vielen Berufen weniger Geld als Männer, obwohl sie genauso viel und genauso gut arbeiten. Dass eine Frau Bundeskanzlerin werden könnte, war für viele bis vor ein paar Jahren nicht denkbar.

Gleichberechtigung

Und es gibt immer noch Leute, die es besser finden, wenn die Männer das Sagen haben und die Frauen sich um die Hausarbeit kümmern.

In Firmen gibt es immer noch kaum Frauen in Führungspositionen

In anderen Ländern der Erde haben Frauen wenige oder fast gar keine Rechte. In Indien kommt es vor, dass neugeborene Mädchen umgebracht werden, weil die Eltern lieber Jungen wollen. In vielen afrikanischen Ländern werden Mädchen nicht zur Schule geschickt und sie bekommen weniger zu essen als die Jungen. In einigen arabischen Ländern dürfen Frauen nicht wählen gehen. Das bedeutet, dass sie nicht mitbestimmen können, was in ihrem Land passiert.

Gegen solche Benachteiligungen protestieren Frauen auf der ganzen Welt. Es gibt sogar einen Extra-Tag, der seit 90 Jahren weltweit der Protesttag der Frauen ist: immer am 8. März ist Weltfrauentag. Denn es gibt noch viel zu tun, bis Frauen überall auf der Welt die gleichen Rechte haben wie Männer und damit auch die gleichen Chancen auf ein gutes Leben.

Demonstration für Gleichberechtigung am Weltfrauentag

Grundgesetz

Grundgesetz

Im Grundgesetz stehen die Regeln, nach denen die Menschen in Deutschland leben. Das Grundgesetz ist unterteilt in viele einzelne Artikel. Jeder Artikel steht für ein Gesetz, also eine Regel. Insgesamt gibt es 146 Artikel.
Die wichtigsten Artikel stehen ganz vorne.

Man kann schon in den ersten drei Artikeln erkennen, dass das Grundgesetz ganz wichtige Dinge für das Zusammenleben der Menschen in Deutschland regelt.
Im ersten Artikel des Grundgesetzes steht, dass die Würde des Menschen unantastbar ist. Das bedeutet, dass jeder Mensch geachtet und respektiert werden muss. Hier steht auch, dass in Deutschland die → Menschenrechte gelten, als Grundlage für Frieden und Gerechtigkeit.
Im zweiten Artikel steht, dass jeder das Recht auf Leben und körperliche Unversehrtheit hat, das bedeutet, dass niemand geschlagen oder gequält werden darf.
Im dritten Artikel steht, dass Männer und Frauen gleich sind. In Deutschland darf auch niemand wegen seiner Sprache, seiner Herkunft, seiner Religion oder seiner politischen Meinung benachteiligt oder bevorzugt werden. Behinderte Menschen dürfen ebenfalls nicht benachteiligt werden.
Im Grundgesetz steht auch, welche Regierungsform unser Land hat. In Artikel 20 ist festgelegt, dass Deutschland eine → Demokratie ist. Die Inhalte von Artikel 1 und 20 dürfen von niemandem geändert werden, sie sollen »ewig« gelten. Aber auch sonst kann kein Politiker und keine → Partei das Grundgesetz einfach ändern. Änderungen müssen im → Bundestag und im → Bundesrat von der großen Mehrheit der Politiker befürwortet werden.
Das Grundgesetz wurde am

GSG 9

8. Mai 1949 beschlossen. Nach dem → Zweiten Weltkrieg und der schlimmen Zeit des → Nationalsozialismus wollten die Politiker mit dem Grundgesetz Regeln aufstellen, mit denen

Die Verkündung des Grundgesetzes

Deutschland ein friedliches Land und eine gute Demokratie sein kann. Andere Länder haben ähnliche Gesetze wie unser Grundgesetz, dort heißen sie Verfassung.

GSG 9

Die Abkürzung »GSG 9« bedeutet »Grenzschutzgruppe 9«. Die GSG 9 ist eine Spezialgruppe mit besonders ausgebildeten Polizisten. Sie können zum Beispiel Bomben entschärfen, Fallschirm springen und besonders gut schießen. Außerdem wurden sie dafür trainiert, in extrem schwierigen Situationen ruhig zu bleiben und ihre Aufgaben absolut konzentriert zu erledigen. Die GSG 9 wird auch Antiterroreinheit genannt. Die Spezialisten der GSG 9 werden zum Beispiel bei Flugzeugentführungen eingesetzt.

Beamte der GSG 9 bei einer Übung auf dem Flughafen in Frankfurt am Main

Sie umstellen dann das Flugzeug nach der Landung und versuchen, die Geiseln zu befreien. Andere Aufgaben der GSG 9 sind die Bekämpfung von Terroristen, der Schutz von Politikern und Spezialaufträge im Ausland.

Hamas

Zwischen den Israelis und den Palästinensern gibt es immer wieder Streit um das Gebiet, in dem beide Völker leben. Es gibt Gruppen, die keine friedliche Lösung dieses Streits wollen. Eine dieser Gruppen ist die Hamas. Die Hamas kämpft seit vielen Jahren für einen eigenen Palästinenser-Staat und gegen → Israel. Hamas ist die Abkürzung eines arabischen Begriffs und bedeutet so viel wie »Widerstand«. Damit ist der Widerstand und der Kampf vieler Palästinenser gegen Israel gemeint.

Um den Streit zu beenden, könnte es auf dem Gebiet zwei Staaten geben, einen palästinensischen und einen israelischen. Die → UNO hat einen Plan vorgeschlagen, in dem steht, was beide Seiten tun müssen, damit der Streit beendet wird und welche Zwischenschritte für die Gründung eines palästinensischen Staates nötig sind. Für die Hamas ist das aber keine Lösung. Sie ist gegen alle Friedensverhandlungen und Gespräche mit den Israelis.

Ziel der Hamas ist es, den Staat Israel zu vernichten. Die Hamas will, dass alle Menschen, die nicht dem islamischen Glauben angehören, aus dem Gebiet verschwinden, auf dem heute Israelis und Palästinenser leben. Sie möchte erreichen, dass es dort nur noch einen einzigen Staat gibt: den palästinensischen Staat.

Hamas-Anhänger verbrennen ein Modell einer jüdischen Siedlung

Für ihre Ziele kämpft die Hamas mit brutaler Gewalt. Es gibt immer wieder Selbstmordanschläge von Hamas-Mitgliedern. Diese Anschläge heißen so, weil sich dabei der Attentäter in einer Menschenmenge in die Luft sprengt und dabei selbst auch stirbt. Durch solche Selbstmordattentate will die Hamas so viele Israelis wie möglich töten. Bei den Anschlägen selbst zu sterben, empfinden die Selbstmordattentäter als Ehre. Die Hamas sagt, dass der Kampf gegen Israel ein »heiliger Krieg« ist. Die Hamas-Leute glauben, dass jeder, der in diesem »heiligen Krieg« stirbt, sofort ins Paradies kommt.

Hamas

Die Hamas kämpft aber nicht nur, sie hilft auch. Sie baut zum Beispiel Schulen und Krankenhäuser in den Gebieten, in denen die Palästinenser leben. Es gibt dort viele sehr arme Familien. Wenn ein Palästinenser keine Wohnung hat oder andere Hilfe braucht, bekommt er sie oft von der Hamas. Viele Leute glauben, dass die Hamas den ärmeren Palästinensern nur hilft, um die Menschen auf ihre Seite zu ziehen und neue Mitglieder und Selbstmordattentäter zu bekommen.

Ein vermummter Kämpfer der Hamas

Viele jugendliche Palästinenser denken, wenn die Hamas ihren Kampf gegen Israel gewinnt, hätten sie ein besseres Leben. Deshalb sind einige von ihnen bereit, mit brutaler Gewalt für die Hamas und ihre Ziele zu kämpfen, auch schon Kinder und Jugendliche.
Bei den Parlamentswahlen in den Palästinensergebieten im Januar 2006 hat die Hamas die absolute Mehrheit der Stimmen bekommen. In vielen Teilen der Welt hat das große Sorge um die Fortsetzung des Friedensprozesses ausgelöst.
Die UNO, die ➔ EU und die USA und Russland haben nach der Wahl erklärt, dass die Hamas nicht auf der einen Seite mit Waffen und Selbstmordattentaten gegen Israel kämpfen und auf der anderen Seite einen demokratischen Staat aufbauen kann. Die Voraussetzung für eine Zwei-Staaten-Lösung bedeute den Verzicht auf Gewalt und die Mitarbeit von allen Beteiligten an einem demokratischen Prozess. Die Hamas müsse ihr Ziel aufgeben, Israel zu vernichten.

Handy

Das Wort »Handy« ist englisch und bedeutet »handlich«. In England sagt man zum Handy aber »mobile phone« oder einfach nur »mobile«.
»Mobil« bedeutet »beweglich« oder auch »unterwegs«. 1926 gab es das erste »Unterwegstelefon« in Deutschland: in einem Zug – natürlich nur in der ersten Klasse.
Erst über 30 Jahre später gab es in Deutschland Telefone in Autos. Die hatten nur Leute mit viel Geld oder besonders wichtige Politiker.

Dass viele Leute ein Handy haben ist noch gar nicht so lange her – erst ab 1990 ging es damit richtig los. Ab dieser Zeit gab es genügend Handymasten, die den Mobilfunk fast überall ermöglichen.

Hohe Kosten für Handys

Es ist ganz einfach: man schickt mit dem Handy per SMS eine Nummer los und schon hat man den neuesten Klingelton oder ein lustiges, neues Zeichen auf seinem Handy-Display. Fast in jeder Zeitschrift für Kinder und Jugendliche und besonders auf den Musik-Sendern wird für Klingeltöne und Logos geworben

und es tauchen die Nummern auf. Mit denen ist das Runterladen der Töne und Logos dann kein Problem. Blöd nur, wenn am Ende des Monats eine riesig hohe Handy-Rechnung mit der Post kommt. Da können die Eltern schon mal ausflippen, weil sie alles bezahlen müssen. Noch schlimmer: wenn dafür das gesamte Taschengeld draufgeht!
Damit das in Zukunft nicht mehr so schnell passiert, haben sich

Hartz IV

Politiker Gedanken gemacht. Sie haben im Februar 2005 ein neues Gesetz entworfen. In der Fernseh-Werbung müssen die Preise für Klingeltöne und Logos besonders groß gezeigt werden und ziemlich lange am Bildschirm zu sehen sein. Dann weiß jeder, wie teuer es ist, sich einen neuen Klingelton oder ein neues Logo zu laden, und kann sich entscheiden, ob er es für diesen Preis wirklich kaufen will.

Hartz IV

Seit 2005 gibt es in Deutschland ein Gesetz, das »Hartz IV« genannt wird. »IV« heißt »4«, geschrieben in römischen Ziffern.
Dieses Gesetz sollte dafür sorgen, dass möglichst viele Menschen, die schon lange arbeitslos sind, wieder eine Arbeit finden.

Namensgeber für vier Gesetze: Peter Hartz

Das Gesetz hat seinen Namen von Peter Hartz. Er war der Leiter einer speziellen Kommission, die die ➔ Bundesregierung beraten hat, was sie gegen die hohe ➔ Arbeitslosigkeit in Deutschland tun kann und wie sie es

Hartz IV

schaffen kann, dass die Unterstützung der Arbeitslosen nicht so viel Geld kostet. Aus den Ratschlägen von Herrn Hartz hat die Bundesregierung vier Gesetze gemacht. Das vierte davon wird »Hartz IV« genannt.

Hartz IV und Arbeitslosigkeit

Wer arbeitslos wird, bekommt zwölf bis maximal achtzehn Monate lang Arbeitslosengeld – das hängt davon ab, wie alt er ist und wie lange er vorher gearbeitet hat. Dieses Geld bekommt er aus einer Kasse, in die alle Leute einzahlen, die eine Arbeit haben. Solange der Arbeitslose einen Job hatte, hat er also auch selbst in diese Kasse einbezahlt.

Um Arbeitslosengeld zu bekommen, muss man viele Formulare ausfüllen

Wenn er nach achtzehn Monaten immer noch keine Arbeit gefunden hat, bekommt er das Arbeitslosengeld II.

Arbeitslosengeld II bekommen auch diejenigen, die noch nie eine Arbeit hatten, aber eigentlich arbeiten könnten.
Damit diese Menschen das Arbeitslosengeld II bekommen, müssen sie aber etwas dafür tun: Sie müssen ständig nach einem neuen Job suchen. Wenn sie einen Job angeboten bekommen, der ihnen eigentlich nicht gefällt, müssen sie ihn trotzdem annehmen. Das kann auch ein Job in einem Beruf sein, den man eigentlich nicht gelernt hat. Der arbeitslose Kfz-Mechaniker muss zum Beispiel den Job als Erntehelfer annehmen. Wer sich weigert, bekommt weniger Geld. Wenn es Jobs nur in einer anderen Stadt gibt, dann wird von Arbeitslosen ohne Familie erwartet, dass sie dorthin umziehen. Tun sie das nicht, kann es sein, dass auch dann das Arbeitslosengeld II gekürzt wird. Die Idee bei Hartz IV war, dass niemand sagen kann: »Mir reicht die Unterstützung vom Staat, mehr Geld brauche ich nicht, ich muss mir keine Arbeit suchen.« Die Unterstützung vom Staat ist durch Hartz IV mit der Pflicht verbunden, sich Arbeit zu suchen und anzunehmen.
Wenn wieder mehr Menschen eine Arbeit haben, muss der Staat weniger Arbeitslosengeld II bezahlen. So spart er Geld, das

Hinduismus

dann für andere Dinge ausgegeben werden kann.
Es gab → Demonstrationen gegen Hartz IV. Manche Leute waren sauer auf das Gesetz. Nach ihrer Meinung müssen die Firmen mehr Arbeitsplätze in Deutschland anbieten. Dann gäbe es das Problem mit den vielen Arbeitslosen so nicht.

Hinduismus

Der Hinduismus ist eine der großen Weltreligionen. Die Anhänger dieser Religion heißen Hindus. Auf der ganzen Welt gibt es über 800 Millionen Hindus. Seinen Ursprung hat der Hinduismus in Indien. Dort sind über 80 Prozent der Menschen Hindus. Im Hinduismus haben sich verschiedene Gruppen von Gläubigen zusammengetan, die nicht alle exakt dasselbe glauben.

Mehr als drei Millionen Götter

Die verschiedenen Glaubensgruppen haben zwar ähnliche

Eine Statue des Gottes Shiva

Hinduismus

Ideen, unterscheiden sich jedoch voneinander. Im Hinduismus gibt es drei Hauptrichtungen: Die meisten Hindus verehren die Gottheiten Vishnu, Shiva und Shakti. Deshalb heißen die drei Hauptrichtungen des Hinduismus Vishnuismus, Shivaismus und Shaktismus.
Im Hinduismus gibt es aber nicht nur diese drei Götter, sondern mehr als drei Millionen Göttinnen und Götter. Die Hindus können sich selbst für einen Gott oder eine Göttin entscheiden, der für sie am wichtigsten ist.

Regeln für alle Hindus

Es gibt Regeln, die für alle gläubigen Hindus gelten. Sie dürfen zum Beispiel kein Rindfleisch essen, denn Kühe sind für die Hindus heilige Tiere. Wenn zum Beispiel Kühe auf der Straße liegen, darf man sie nicht verjagen.
Und: Jeder Hindu sollte einmal im Leben zum heiligen Fluss Ganges pilgern. Die Hindus glauben, dass sie von ihrer Schuld befreit werden, wenn sie sich im Ganges waschen.
Hindus glauben an Wiedergeburt, ähnlich wie auch die Anhänger des → Buddhismus. Als was ein Hindu nach seinem Tod wiedergeboren wird, ist von seinem Karma abhängig. Zum

Vater und Sohn beim Bad im Ganges

Karma gehört all das, was ein Hindu in seinem Leben tut. Wenn jemand zum Beispiel viel Gutes tut, hat er ein gutes Karma. Je besser ein Hindu zeitlebens für sein Karma gesorgt hat, desto größer ist die Chance, es nach der Wiedergeburt besser zu haben.

Kastengesellschaft

Die indische Gesellschaft ist in verschiedene Gruppen eingeteilt, die »Kasten« heißen. Es gibt Kasten, in denen reiche und gut ausgebildete Menschen leben, und arme Kasten. Jeder Hindu wird in eine Kaste hineingeboren. Zwischen den Kasten hin- und herzuwechseln ist nicht möglich. Die Hindus hoffen, dass sie in ihrem nächsten Leben in eine höhere Kaste geboren werden.

Homosexualität

Eine Hindufrau beim Beten

Das Ziel der Hindus ist das Nirwana

Hindus wollen aber nicht endlos wiedergeboren werden. Ihr Ziel ist das Nirwana. Das bedeutet übersetzt so viel wie »Erlöschen«. Es bedeutet für sie die Erlösung vom Leben auf der Erde. Im Nirwana glauben die Hindus endgültig Ruhe zu finden.

Homosexualität

Die Vorsilbe »Homo« kommt aus dem Griechischen und bedeutet »gleich«.
Homosexualität bedeutet, dass man sich nur in jemanden vom gleichen Geschlecht verliebt und mit ihm Sex haben möchte. Also wenn ein Mann einen Mann liebt oder eine Frau eine Frau. Man sagt auch »schwul« oder »lesbisch« dazu.
Homosexualität gab es schon immer, es wurde nur meist nicht darüber gesprochen. In Deutschland war es lange Zeit sogar verboten, dass Männer eine Liebesbeziehung miteinander hatten. Frauen war es zwar nicht verboten, das lag aber daran, dass keiner auf die Idee kam, dass Frauen Frauen lieben könnten. Im ➜ Nationalsozialismus wurden Homosexuelle verhaftet

Homosexualität

und in ➜ Konzentrationslager gebracht. Auch heute noch werden Homosexuelle in vielen Ländern verfolgt und diskriminiert.

Die Sängerin Melissa Etheridge mit ihrer Lebensgefährtin

Es gibt auch bei uns noch die Auffassung, dass Homosexualität etwas Schlimmes sei. Viele Kinder und Jugendliche benutzen das Wort »schwul« als Schimpfwort, ohne sich darüber Gedanken zu machen.
Die katholische Kirche ist der Meinung, dass Homosexualität eine Sünde ist. Aber die meisten Leute in Deutschland denken mittlerweile, dass jeder lieben kann, wen er möchte.
Seit August 2001 können homosexuelle Paare in Deutschland auch heiraten. Nicht in der Kirche, denn die lehnt Homosexualität ja ab, aber auf dem Standesamt. Man spricht in diesem Fall von einer Homoehe.

Coming-Out

Wenn jemand seiner Familie, seinen Freunden und allen anderen Leuten offen sagt, dass er homosexuell ist, nennt man das »Coming-Out«, also »Herauskommen«. Mittlerweile stehen immer mehr Leute zu ihrer Homosexualität. Auch viele bekannte Leute wie zum Beispiel der Musiker Elton John oder die Tatortkommissarin Ulrike Folkerts, der Bürgermeister von Berlin, Klaus Wowereit, oder der Chef der FDP, Guido Westerwelle.

Jedes Jahr gibt es den »Christopher Street Day« mit Paraden von Homosexuellen

Internationaler Gerichtshof

I/J

Die Regenbogenfahne als Symbol

Die Regenbogenfahne ist die Fahne der Homosexuellen auf der ganzen Welt. Sie bedeutet, dass es mindestens so viele Arten des Zusammenlebens gibt wie Farben im Regenbogen.

Internationaler Gerichtshof

Der Internationale Gerichtshof ist das Gericht der → UNO, der Vereinten Nationen. Zur UNO gehören 191 Länder, also fast alle Länder der Welt.

Der Internationale Gerichtshof ist 1945 in der niederländischen Stadt Den Haag gegründet worden. An diesem Gericht arbeiten 15 Richter, die alle aus einem anderen Land kommen. Sie werden von den Mitgliedern der UNO gewählt. Meistens sind diese Richter Menschen, die sich mit dem Völkerrecht besonders gut auskennen.
Das ist wichtig, weil es bei den Fällen, die am Internationalen Gerichtshof untersucht werden, immer um Völkerrecht geht, also darum, wie ein Volk mit einem anderen umgeht.
In vielen Fällen, die am Internationalen Gerichtshof verhandelt werden, geht es um Grenzen

Internationaler Strafgerichtshof

I/J

zwischen Ländern. Zum Beispiel darum, ob sie so, wie sie sind, richtig verlaufen, oder darum, dass ein Land einem anderen einfach ein Stück abgenommen hat. Die Richter verkünden in ihren Urteilen, was sie von den Fällen halten. Wenn sie ein Land für schuldig halten, geben sie öffentlich bekannt, dass das Land gegen das Völkerrecht verstößt. Bestrafen können sie das Land dafür aber nicht, selbst dann nicht, wenn es auch in Zukunft weiter gegen das Völkerrecht verstößt.

Trotzdem sind die Entscheidungen des Internationalen Gerichtshofs wichtig. Durch die Urteile des Internationalen Gerichtshofes erfährt die ganze Welt von den Ländern, die sich nicht an das Völkerrecht halten. Das ist schlecht für diese Länder, weil es ihnen dann passieren kann, dass niemand mehr etwas mit ihnen zu tun haben will.

Internationaler Strafgerichtshof

Genau wie der → Internationale Gerichtshof wurde auch der Internationale Strafgerichtshof für Kriegsverbrecher von der → UNO gegründet. Abgekürzt heißt er »IStGH«. Seit 1993 arbeitet er in Den Haag in den Niederlanden.
Der Internationale Strafgerichtshof für Kriegsverbrecher besteht aus elf Richtern, die von der Vollversammlung der UNO gewählt werden.
Vor dem Internationalen Strafgerichtshof für Kriegsverbrecher werden Menschen vor Gericht gestellt, die Kriege angezettelt haben und mit ihren Soldaten

Irak

I/J

Verbrechen begangen haben. Sie werden angeklagt, weil sie zum Beispiel die Menschen ganzer Dörfer zusammengetrieben und erschossen haben, weil sie und ihre Soldaten Frauen vergewaltigt haben oder weil sie Menschen misshandelt und gefoltert (→ Folter) haben.

Der Internationale Strafgerichtshof in Den Haag

Irak

Der Irak ist ein Land in Asien. Er liegt etwa sieben Flugstunden von Deutschland entfernt. Die größte Stadt, die Hauptstadt des Irak, ist Bagdad. Dort leben ca. sieben Millionen Menschen. Insgesamt hat der Irak ca. 23 Millionen Einwohner. Zum Vergleich: In Deutschland leben mehr als 82 Millionen Menschen, obwohl Deutschland etwas kleiner ist als der Irak. Der Irak hat sechs Nachbarländer: Saudi-Arabien, Kuwait, den Iran, Syrien, Jordanien und die Türkei. Die offizielle Sprache im Irak ist Arabisch. Es gibt aber auch Menschen im Norden des Irak mit einen anderen Sprache, die Kurden. Sie sprechen kurdisch. Im Irak leben besonders viele junge Menschen. Fast jeder zweite Iraker ist unter 15 Jahre alt. Die wichtigste Religion im Irak ist der → Islam. Die meisten Iraker sind also Muslime. Der Irak war lange Zeit eine → Diktatur unter der Herrschaft von Saddam Hussein. Im Jahr 2003 haben die Amerikaner und ihre Verbündeten einen Krieg gegen den Irak angefangen, mit dem Argument, dass der Diktator Saddam Hussein verbotene chemische Waffen in seinem Land versteckt habe. Saddam Hussein wurde

Irak

I/J

Die irakischen Kinder sind den Anblick von schwer bewaffneten Soldaten gewöhnt

von den Amerikanern besiegt und gefangen genommen. Die chemischen Waffen – die angeblich der Grund für den Krieg waren – wurden nie gefunden. Nach dem Ende des Krieges und dem Sturz des Diktators Saddam Hussein sollte der Irak eine ➔ Demokratie werden. Das heißt, dass das Volk seine Regierung wählen kann und mitentscheiden darf. Außerdem soll jeder seine Meinung sagen dürfen, egal, ob sie der Regierung passt oder nicht. Die Soldaten der Amerikaner und ihrer Verbündeten blieben weiterhin im Land, um Anhänger des alten Diktators und Gegner der neuen Politiker zu verhaften.

Am 30. Januar 2005 gab es im Irak Wahlen. Die Politiker, die gewählt wurden, arbeiteten dann an einer Verfassung für den Irak. In einer Verfassung stehen die genauen Regeln für ein Land, an die sich alle halten müssen.

Aber im Irak gibt es trotzdem keinen Frieden. Der Krieg gegen Saddam Hussein ist zwar vorbei, doch jetzt herrscht ➔ Bürgerkrieg. Seit dem Sturz von Saddam Hussein versuchen verschiedene Gruppen im Irak, die Macht zu übernehmen. Sie sind gegen die gewählte Regierung und gegen die amerikanischen Soldaten im Irak. Unter den Gruppen, die die Macht erobern wollen, sind auch Anhänger der Terrororganisation ➔ El Kaida. Abu Musab al-Zarqawi, einer der wichtigsten Führer der El Kaida, wird für viele Bombenanschläge und Morde im Land verantwortlich gemacht.

Die Soldaten der USA und ihrer Verbündeten, die noch immer im Irak sind, sollen

Der gesuchte Terrorist Abu Musab al-Zarqawi

115

Islam

gegen die Terroristen vorgehen. In diesem Kampf werden fast jeden Tag ausländische Soldaten und irakische Zivilisten von Terroristen ermordet.

Jeden Tag gibt es Anschläge in Bagdad und anderen irakischen Städten

Islam

Der Islam ist eine der großen Weltreligionen. Die Anhänger des Islam werden »Muslime« genannt. Ihr heiliges Buch ist der Koran und ihre Gotteshäuser heißen Moscheen.

Der Gott der Muslime heißt Allah. Allah, so glauben die Muslime, hat die Welt nicht nur erschaffen, er erhält sie auch und bestimmt ihr Schicksal und die Ereignisse. Die gläubigen Muslime unterwerfen sich dem Willen ihres Gottes Allah.
Der Islam wurde von dem arabischen Kaufmann Mohammed begründet. Ungefähr im Jahr 610

Islam

soll Mohammed der Erzengel Gabriel erschienen sein und ihm die ersten Verse des Korans erzählt haben. Mohammed schrieb dann alles auf. Der Engel hat Mohammed immer wieder neue Verse erzählt – und aus dem, was Mohammed aufgeschrieben hat, entstand der Koran. Die Muslime sagen deshalb: Mohammed ist der Prophet von Allah.

Für Muslime gibt es fünf Grundsätze. Sie werden auch die Säulen des Islam genannt:
Die erste Säule ist das Glaubensbekenntnis. Das nennen die Muslime »Schahada«. Das bedeutet: »Es gibt keinen Gott außer Allah und Mohammed ist sein Prophet.«

Ein muslimisches Mädchen beim Beten

Die zweite Säule ist das Gebet, genannt »Al-Salât«. Gläubige Muslime beten fünfmal am Tag zu festgelegten Zeiten in Richtung der Stadt Mekka in Saudi-Arabien. Dort wurde Mohammed geboren.

Koran mit Gebetskette

Die dritte Säule heißt »Sakat«. »Sakat« verpflichtet gläubige Muslime, ärmeren Gläubigen mit Spenden zu helfen.
Wichtig ist für Muslime auch das Fasten im Monat → Ramadan, genannt »Saum«. Das ist die vierte Säule des Islam.
Die fünfte Säule ist die »Haddsch«, die Pilgerfahrt nach Mekka. Dort umrunden die Pilger siebenmal die »Kaaba«, einen großen schwarzen Stein, der im Hof einer riesigen Moschee in Mekka steht und das wichtigste Heiligtum des Islam ist.
Im Koran heißt es, dass der muslimische Gott Allah im Laufe der Zeit den Menschen immer wieder Propheten geschickt hat.

Israel

I/J

Diese sollten den Islam in der Welt verkünden. Dazu gehören auch die aus der christlichen Bibel bekannten Propheten Abraham, Moses und Jesus Christus. Für die Muslime ist Mohammed der oberste aller Propheten.

Israel

Israel ist ein Land in Vorderasien und liegt ungefähr fünf Flugstunden von Deutschland entfernt. Über sechs Millionen Menschen leben dort. Zum Vergleich: In Deutschland sind es mehr als 82 Millionen. Die Hauptstadt Israels ist Jerusalem. Israel ist ein noch sehr junger Staat. Er wurde erst am 14. Mai 1948 gegründet. Vor der Gründung des Staates Israel waren viele Juden in das »heilige Land« Palästina geflohen, weil sie in anderen Ländern unterdrückt und verfolgt wurden. Die Juden hofften, in dieser Gegend, in der auch die biblische Geschichte spielt, eine sichere Heimat zu finden. Auch während der Herrschaft von Adolf Hitler im → Nationalsozialismus, der zur Ermordung von Millionen europäischer Juden geführt hatte, waren viele Juden auf der Flucht nach Palästina gekommen. Das Land war aber nicht unbewohnt. In Paläs-

Jerusalem, die Hauptstadt Israels

Israel

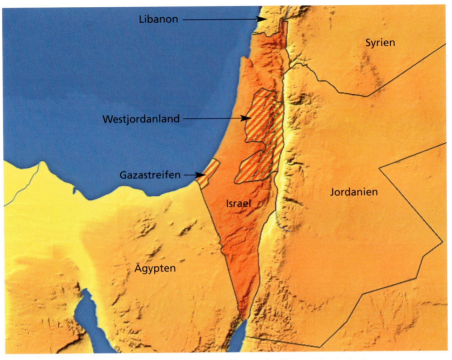

Die Palästinenser leben in den Gebieten, die gestreift markiert sind

tina gab es neben den Juden, die schon länger hier lebten, und denen, die hierher geflohen waren, schon immer Araber. Genau wie die Juden hatten auch sie in Palästina heilige Stätten ihrer Religion, dem → Islam. Im November 1947 beschloss die → UNO, das Gebiet zu teilen und einen jüdischen und einen arabischen Staat auf dem Gebiet zu gründen. Die arabischen Einwohner und die arabischen Staaten rund um Palästina waren dagegen und erklärten Israel direkt nach seiner Gründung am 14. Mai 1948 den Krieg. Israel gewann diesen Krieg und vergrößerte sein Gebiet, indem es weitere Teile von Palästina besetzte.
Seither gibt es den Staat Israel. Ein arabischer Staat wurde auf dem restlichen Gebiet von Palästina – dem Westjordanland und dem sogenannten Gazastreifen, wo die Palästinenser, die arabischen Einwohner, jetzt leben – nicht gegründet. Die Araber waren damals grundsätzlich gegen den Staat Israel auf dem Gebiet Palästina und wollten Palästina für sich alleine. Sie waren empört, weil ihnen ihrer Meinung nach mit der Gründung von Israel zu Unrecht ihr Land

Israel

I/J

weggenommen wurde. Außerdem lehnten die muslimischen Araber den jüdischen Glauben ab und wollten ihre heiligen Stätten zurück.

Seither hat es deshalb immer wieder Krieg und Gewalt in und gegen Israel gegeben.

Erst seit ein paar Jahren gibt es Verhandlungen und Gespräche darüber, wie die Palästinenser doch einen eigenen Staat bekommen könnten. Die UNO hat einen Plan vorgeschlagen, in dem steht, was Israel und die Palästinenser tun müssen, damit der Streit beendet wird und welche Zwischenschritte für die Gründung eines palästinensischen Staates nötig sind.

nomia« und bedeutet »unabhängig« und »selbstständig«. Auch wenn die Palästinenser noch keinen eigenen Staat haben, bestimmen sie in den Autonomiegebieten vieles selbstständig. Sie haben zum Beispiel eine eigene Polizei, eine eigene Regierung und einen Präsidenten. Acht Jahre lang war das Jassir Arafat. Sein Nachfolger Mahmud Abbas wurde am 9. Januar 2005 gewählt.

Jassir Arafat und Mahmud Abbas

Die Gebiete, in denen die Palästinenser leben, heißen auch »Autonomiegebiete«. Der Begriff »Autonomie« kommt von dem altgriechischen Wort »auto-

ISS

ISS

I/J

ISS ist die Abkürzung für den englischen Begriff »International Space Station«. Auf deutsch heißt das »Internationale Raumstation«. Seit November 1998 bauen insgesamt sechzehn Länder der Erde an der Raumstation ISS: die USA, Russland, Japan, Kanada, Brasilien und elf europäische Länder (Deutschland, Großbritannien, Belgien, Dänemark, Frankreich, Italien, Niederlande, Norwegen, Schweden, die Schweiz und Spanien).
Gebaut wird die ISS allerdings nicht auf der Erde, denn so eine große Station könnte man nicht am Stück ins All befördern. Deshalb wird die ISS nach und nach im All in etwa 400 Kilometern Höhe zusammengesetzt.

Mehr als 80 Einzelteile werden Stück für Stück mit Raumfähren und Raketen in den Weltraum gebracht. Dort werden die einzelnen Teile dann von Astronauten zusammengesetzt. 2010 soll die ISS fertig werden und Platz für bis zu sieben Astronauten bieten.
Schon jetzt ist die ISS so groß, dass man sie von der Erde aus bei gutem Wetter mit bloßem Auge sehen kann. Man muss allerdings den richtigen Moment erwischen, denn die ISS ist immer nur für wenige Minuten am Himmel zu sehen – in der Dämmerung morgens oder abends. Wann sie wo zu sehen ist, kann man im Internet recherchieren.
Die wichtigste Aufgabe der Astronauten an Bord der ISS ist das Forschen. Zum einen sollen

Judentum

I/J

sie mehr über die Schwerelosigkeit herausfinden und wie sie sich auf den Menschen auswirkt. Die Forscher hoffen auch, dass sie durch die ISS mehr darüber erfahren, wie das Universum entstanden ist und wie es sich in den kommenden Millionen von Jahren weiter entwickeln wird. Geforscht werden soll aber auch an ganz praktischen Dingen.

Deutsche Forscher wollen in der ISS zum Beispiel ein spezielles Gerät testen, mit dem man per Satellit gestohlene Autos oder → Handys aufspüren kann.

Judentum

Das Judentum ist eine der großen Weltreligionen. Es ist ungefähr 4.000 Jahre alt. Auf der ganzen Welt gibt es etwa 14 Millionen Menschen jüdischen Glaubens. In Deutschland leben heute etwa 90.000 Juden. Ihr Symbol ist der Davidstern.

Die Juden nennen ihren Gott Jahwe. Jude ist, wer von einer jüdischen Mutter geboren wurde. Die Religion des Vaters spielt keine Rolle. Man kann aber auch zum jüdischen Glauben übertreten.

Die heilige Schrift der Juden

Das Gotteshaus der Juden heißt Synagoge. Dort versammeln sich die Juden, um Gottesdienste zu feiern und zu

Judentum

I/J

beten. Es wird aus der Thora gelesen, einer der heiligen Schriften der Juden. Sie besteht aus den fünf Büchern Mose. Diese sind auch im Alten Testament der christlichen Bibel zu finden.

Synagoge in Berlin

Jüdische Gelehrte tragen den Titel »Rabbiner«. Ein Rabbiner verbreitet die Lehren des jüdischen Glaubens. Die Juden leben nach den Gesetzen ihrer heiligen Schrift. Dazu gehört, dass sie täglich beten und in der Thora lesen. Die Gesetze der Thora beziehen sich aber nicht nur auf die Religion. Die Thora regelt auch Dinge, die sich auf das alltägliche Leben der Menschen und auf den Haushalt beziehen. Juden dürfen zum Beispiel nur »koschere« Speisen essen. Das Wort »koscher« kommt aus der hebräischen Sprache und bedeutet »rein«. Es gibt bestimmte Regeln, was rein ist und welche Sachen zusammen gegessen werden dürfen und welche nicht. Zum Beispiel sollen Fleisch und Milchprodukte getrennt gegessen werden, ein Brot mit Butter und Wurst wäre also nicht koscher. Schweinefleisch wird von frommen Juden nicht gegessen, weil es als unrein – also nicht koscher – gilt.

Junge mit einer traditionellen jüdischen Kopfbedeckung, der Kippa

Der »Sabbat« ist für Juden ein Feiertag. Der Sabbat geht vom Freitagabend bis zum Samstagabend. Jüdische Geschäfte haben deshalb samstags zu. Strenggläubige Juden dürfen am Sabbat nicht arbeiten, Auto fahren oder elektrische Geräte benutzen.

Hass gegen Juden

In der Vergangenheit sind Juden immer wieder verfolgt worden. Im Mittelalter warfen viele Menschen den Juden zum Beispiel vor, dass sie Gift in die Brunnen mit Trinkwasser geschüttet

Kinderarbeit

hätten. Den Hass gegen Menschen jüdischen Glaubens nennt man ➔ »Antisemitismus«. Besonders schlimm war der Hass gegen Juden in der Zeit des ➔ Nationalsozialismus. Hitler und die Nationalsozialisten haben zwischen 1933 und 1945 Millionen europäischer Juden getötet.

Kinderarbeit

Kinderarbeit gibt es auf der ganzen Welt, vor allem aber in Ländern, in denen viele arme Menschen leben: in Asien, in Teilen Mittel- und Südamerikas und in vielen Ländern Afrikas. Wenn die Eltern dort nicht genug Geld verdienen, müssen die Kinder mithelfen, damit die Familie genug Geld zum Leben hat. Kinderarbeit bedeutet also nicht, dass sich jemand Taschengeld dazuverdient.

Kinderarbeit kann ganz unterschiedlich sein. Oft müssen Kinder auf dem Feld mitarbeiten – manchmal bis zu 14 Stunden am Tag. Das ist unglaublich

Kinderarbeit

K

anstrengend und ungesund. Anderswo müssen Kinder in Minen unter der Erde arbeiten. Weil sie kleiner sind als Erwachsene, kommen sie in jedes kleine Loch, um dort Kohle oder Erz abzuschlagen. Das ist eine sehr harte und gefährliche Arbeit, die auf Dauer krank macht. Wieder andere Kinder müssen den ganzen Tag in Fabriken arbeiten und dort zum Beispiel Teppiche knüpfen. Die Kinder bekommen für ihre Arbeit viel weniger bezahlt als erwachsene Arbeiter. Die Eltern der Kinder brauchen das Geld, das die Kinder verdienen, um Kleider, Essen oder Medizin für die Familie zu kaufen. Ihr eigener Lohn reicht dafür nicht aus.

Viele arbeitende Kinder können nicht in die Schule gehen. Das hat für die Kinder schlimme Folgen: Wenn sie nichts lernen, dann finden sie wahrscheinlich später auch keinen richtigen Beruf. Das bedeutet, dass sie später auch nicht genug Geld verdienen können, um ihre Familien zu ernähren. Und deswegen werden ihre Kinder eines Tages wohl auch hart arbeiten müssen. Das ist ein sehr trauriger Kreislauf.

In manchen Ländern haben sich die arbeitenden Kinder zusammengeschlossen und sogar Kindergewerkschaften ge-

gründet. Sie fordern: Wenn wir schon arbeiten gehen müssen, dann aber nur so viel, dass wir zusätzlich auch in die Schule gehen können. Und sie fordern eine gerechte Bezahlung.

Kinderflüchtlinge

Kinderflüchtlinge

Auf der ganzen Welt sind mehrere Millionen Kinder auf der Flucht. Sie fliehen aus ihrer Heimat, weil sie dort zum Beispiel hungern müssen oder weil dort Krieg herrscht. Oder auch,

Kinder in einem Flüchtlingslager in Ruanda

weil diese Kinder und Jugendlichen durch Krieg, Krankheiten oder Hungersnöte ihre Eltern verloren haben.
Wenn Kinder in ein anderes Land flüchten, dann gibt es dafür immer sehr schlimme Gründe, sonst würden sie nicht alleine aus ihrer Heimat weggehen. Die Kinderflüchtlinge hoffen, dass es ihnen in einem anderen Land besser gehen wird.
Zu Kinderflüchtlingen zählt man alle Flüchtlinge, die minderjährig, also unter achtzehn Jahre alt sind. In Deutschland leben etwa 6.000 bis 10.000 Kinder, die aus ihrer Heimat alleine hierher geflohen sind.
Um überhaupt fliehen zu können, zahlen sie oder ihre Verwandten häufig viel Geld an sogenannte »Schleuser«. Das sind Leute, die Flüchtlingen zum Beispiel Pässe besorgen und sie aus dem Land bringen. Die Flucht selbst dauert oft sehr lange und ist sehr gefährlich. Wenn die Kinder in sicheren

Kinderhandel

Ländern ankommen, sind sie nicht nur erschöpft, sondern oft auch verwirrt vor Angst und Traurigkeit wegen der Dinge, die sie in ihrem Heimatland erlebt haben.
In der Kinderrechtskonvention (➔ Kinderrechte) steht, dass Kinderflüchtlinge angemessen zu schützen sind und dass man ihnen helfen muss. Jeder Staat, der die Kinderrechtskonvention unterschrieben hat, ist dazu verpflichtet.

Kinderhandel

»Kinder sind unverkäuflich!« Das ist das Motto einer großen Aktion, die das Kinderhilfswerk ➔ UNICEF im Jahr 2002 gestartet hat. Wie der Name schon sagt, soll damit der Kinderhandel bekämpft werden.
Hier in Deutschland ist es schwer vorstellbar, dass Eltern ihre Kinder an Händler verkaufen. Aber leider werden jedes Jahr über eine Million Kinder verkauft. Davon betroffen sind vor allem Kinder in sehr armen Ländern.

Kinder sind unverkäuflich!

Die Eltern dieser Kinder sind sehr, sehr arm. Sie haben oft kein richtiges Zuhause und leben auf der Straße. Außerdem haben sie kaum etwas zu essen – für sich nicht und für ihre Kinder auch nicht. Sie brauchen so dringend Geld, dass sie ihre eigenen Kinder an Menschenhändler verkaufen. Die Eltern geben ihre

Kinderhandel

Kinder also nicht weg, weil sie sie nicht mehr lieben, sondern weil sie einfach keinen anderen Ausweg aus ihrer Not sehen. Die Menschenhändler sind Verbrecher. Sie belügen die Eltern. Sie versprechen ihnen, dass sie die Kinder in ein anderes Land schicken, wo es ihnen besser gehen wird. Und sie versprechen den Eltern Geld, damit sie sich etwas zu essen kaufen können. Tatsächlich bekommen die Eltern für ihre Kinder meistens nur sehr wenig oder gar kein Geld.
Die verkauften Kinder bekommen auch kein besseres Leben. Oft werden sie Kinderarbeiter. In Benin und Togo zum Beispiel – das sind zwei sehr arme Länder in Westafrika – werden jedes Jahr Tausende von Kinder auf Schiffe gebracht und in andere afrikanische Länder verschickt. Dort verkaufen die Menschenhändler sie an die Besitzer von Bananen- oder Kakaoplantagen weiter.
Mit dem Weiterverkauf der Kinder verdienen die Menschenhändler jede Menge Geld. Die Kinder müssen auf den Plantagen den ganzen Tag sehr hart arbeiten. Bezahlt werden sie dafür oft nicht. Wenn ihnen nicht geholfen wird, sehen sie ihre Eltern nie wieder.
Die Menschenhändler suchen aber nicht nur Kinder für ➔ Kinderarbeit, besonders Babys und Kleinkinder verkaufen sie auch an Paare in Europa oder den USA. Es gibt Paare, die selbst keine Kinder bekommen können. Einige von ihnen möchten gerne ein Kind adoptieren. Normalerweise müssen sie lange warten, bis sie ein passendes Kind beispielsweise aus einem Waisenhaus bekommen. Weil den Paaren das manchmal zu lange dauert, suchen sie nach Kindern aus dem Ausland. Einige Paare wenden sich deshalb an Menschenhändler, die ihnen ein Kind besorgen. Sie tun es, obwohl das verboten ist. Denn für die Kinder ist es natürlich nicht gut, wenn sie von ihren echten Eltern getrennt werden. Das heißt aber nicht, dass jedes adoptierte Kind aus dem Ausland von einem Menschenhändler gekauft wurde. Die meisten Paare halten sich an die Regeln zur ➔ Adoption.

Kinderkommission

Die Kinderkommission des ➔ Bundestags – abgekürzt KiKo – besteht aus Politikern der verschiedenen ➔ Parteien und kümmert sich darum, dass die Wünsche und Bedürfnisse der Kinder in der ➔ Politik beachtet werden. Die Parteien im Bundestag schicken jeweils einen ihrer Politiker in die Kinderkommission. Die Politiker der Kinderkommission setzen sich für die Rechte

Schüler bestaunen die Kuppel des Deutschen Reichstages

der Kinder in Deutschland ein und berichten den anderen Politikern in ihren Parteien, über was die Kinderkommission beraten hat.
Es gibt viele Themen, mit denen sich die Kinderkommission beschäftigt. Die Kinderkommission kümmert sich zum Beispiel darum, dass es weniger Gewalt gegen Kinder gibt. Zu ihrer Arbeit gehört zum Beispiel, die Sicherheit von Kindern im Straßenverkehr zu verbessern. Die Kommission hat zum Beispiel dafür gesorgt, dass Autos in Zukunft für Kinder sicherer gebaut werden. Das gilt besonders für große hohe Autos, an denen vorne große Stoßstangen festgemacht sind. Die können Kinder bei einem Unfall schwer verletzen. Weil die Kinderkommission sich stark für das Verbot dieser Stoßstangen eingesetzt hat, sollen sie jetzt verboten werden.
Die Politiker in der Kinderkommission sprechen immer wieder mit Kindern, um zu hören, was ihnen wichtig ist. Kinder können den Politikern der Kinderkommission aber auch einen Brief schreiben oder ihnen im Internet schreiben, was sie beschäftigt und was sie verändert haben wollen. So wissen die Politiker in der Kinderkommission noch besser, was für Kinder unbedingt noch getan werden muss. Die Adresse lautet:

Deutscher Bundestag
KINDERKOMMISSION
Platz der Republik 1
11011 Berlin

Die Kinderkommission macht dann Vorschläge, wie und was verändert oder neu gemacht

K

Kinderrechte

werden soll. Diese Vorschläge werden den anderen Politikern im Bundestag vorgestellt. Und wenn die Mehrheit der Politiker meint, dass die Vorschläge gut sind, dann beschließen sie, die Vorschläge umzusetzen.

Kinderrechte

Kinder haben Rechte. Die Rechte der Kinder dieser Erde stehen in der Kinderrechtskonvention. Das ist ein Vertrag, den fast alle Länder der Erde am 20. November 1989 miteinander geschlossen haben. Die Kinderrechtskonvention ist extra für Kinder gemacht und soll ihnen die wichtigsten Rechte zusichern.

Kinder zu Besuch im Büro eines Politikers

Diese Rechte heißen Grundrechte. Die Staaten haben sich mit ihrer Unterschrift verpflichtet, dass niemand in ihren Ländern gegen die Kinderrechte verstößt.
Damit die Kinderrechtskonvention in einem Staat wirklich gilt, müssen Politiker des Landes zustimmen. In Deutschland zum Beispiel musste das Parlament, der → Bundestag, zustimmen. Hier gilt die Kinderrechtskonvention seit dem 5. April 1992.

Kinderrechte

K

Inzwischen haben 191 Staaten der Kinderrechtskonvention zugestimmt. Das sind alle Staaten der Erde außer den USA und Somalia.
Insgesamt besteht die Kinderrechtskonvention aus 54 Artikeln – in denen stehen die einzelnen Rechte der Kinder. Einige dieser Rechte sind zum Beispiel:

Das Recht auf Bildung

Das Recht auf Bildung bedeutet, dass alle Kinder die Chance haben sollen, in die Schule zu gehen, Rechnen, Lesen und Schreiben zu lernen, um später einen guten Arbeitsplatz zu finden.

Das Recht auf Gleichheit

Das Recht auf Gleichheit bedeutet, dass alle Kinder gleich behandelt werden sollen, egal ob Junge oder Mädchen, egal welche Hautfarbe sie haben, welche Sprache sie sprechen oder welche Religion sie haben.

Das Recht auf Beteiligung

Das Recht auf Beteiligung bedeutet, dass Kinder sich einmischen dürfen, wenn es um Entscheidungen geht, die sie betreffen, zum Beispiel vor

Gericht. Und die Erwachsenen sollen die Meinung der Kinder ernst nehmen.
Ganz genau erklärt werden diese Rechte in der Broschüre »Die Rechte der Kinder von logo! einfach erklärt«. Man kann sie kostenlos beim Bundesfamilienministerium bestellen: unter der Telefonnummer 01888-555-0 oder im Internet unter www.bmfsfj.bund.de.

Wahl bei einer Kinderpolitik-Veranstaltung

Auch wenn fast alle Länder der Erde die Kinderrechtskonvention unterschrieben haben, muss noch viel getan werden, damit die Kinderrechte tatsächlich von allen beachtet werden.
In vielen armen Ländern gibt es → Kinderarbeit, und das Recht auf Bildung wird nicht beachtet.
Oder es gibt Kinder, die wegen ihrer Hautfarbe, wegen ihres Geschlechts oder wegen ihrer

Kindersoldaten

K

Religion benachteiligt werden – und das Recht auf Gleichheit zählt nicht. Ähnlich ist es auch mit anderen Kinderrechten.

Kindersoldaten

Es wird geschätzt, dass es weltweit mehr als 300.000 Kindersoldaten gibt. Die meisten von ihnen kämpfen in Kriegen in afrikanischen Ländern oder in Asien. Anstatt zur Schule zu gehen, müssen die Kinder als Soldaten andere Menschen töten. Erst seit 2002 ist es verboten, dass Kinder und Jugendliche unter achtzehn Jahren in Kriegen kämpfen. Leider halten sich aber nicht alle Länder an dieses Verbot.

Die meisten Kindersoldaten werden nicht gefragt, ob sie im Krieg mitkämpfen wollen. Sie werden entführt und dazu gezwungen. Die Entführer drohen den Kindern damit, ihren Eltern etwas anzutun, falls sie nicht kämpfen.

Andere Kindersoldaten kommen aus sehr armen Familien. Als Kindersoldaten sollen sie Geld verdienen, um ihre Eltern und

Kindersoldaten

Geschwister zu ernähren. Die erwachsenen Soldaten versprechen den Kindersoldaten häufig viel Geld. Meistens bekommen die Kinder aber nichts. Bevor die Kinder im Krieg eingesetzt werden, müssen sie ein brutales Training hinter sich bringen.

Dabei lernen sie, mit Waffen umzugehen, andere Menschen zu verletzen und zu töten. Damit es den Kindern nicht so schwer fällt, auf Menschen zu schießen, geben die Soldaten ihnen oft Drogen.
Ab und zu gelingt es, Kindersoldaten zu helfen – entweder, weil der Krieg vorüber ist oder weil man sie aus der Armee befreien konnte. Dann werden sie in spezielle Kinderheime gebracht. Dort versuchen Hilfsorganisationen und extra ausgebildete Leute den Kindern dabei zu helfen, den Krieg zu vergessen und ein neues Leben anzufangen. Das ist allerdings sehr schwierig.

Was sie im Krieg erlebt haben, ist so schrecklich, dass sie die Erinnerung daran ihr ganzes Leben behalten. Viele der Kinder träumen immer wieder von den Grausamkeiten, die sie gesehen haben oder die sie selbst begangen haben. Viele ehemalige Kindersoldaten sind nach dem Krieg viel zu verstört, um ein normales Leben führen zu können. Sie haben zum Beispiel große Angst davor, dass sich jemand an ihnen rächen könnte, gegen den sie im Krieg gekämpft haben.

K

Klimawandel

Klimawandel

Das Klima auf der Erde hat sich schon immer gewandelt. Es gab warme Zeiten und Eiszeiten. Die Gründe dafür waren ganz unterschiedlich, zum Beispiel gab es riesige Vulkanausbrüche, die die Sonne so stark verdunkelt haben, dass es auf der Erde sehr kalt wurde.

Wenn heute vom Klimawandel gesprochen wird, ist damit aber keine natürliche Veränderung gemeint, sondern eine, die der Mensch verursacht.

Jugendliche Mitglieder der Umweltschutzorganisation *Greenpeace* demonstrieren für mehr Klimaschutz

Die Forscher sind sich einig, dass die Verschmutzung der Luft durch bestimmte Abgase das Klima auf der Erde so verändert, dass es wärmer wird. Das hört sich zuerst mal nicht so schlimm an.

Diese Erwärmung, die auch → Treibhauseffekt genannt wird, hat aber schlimme Folgen für die Menschen auf der Erde. Durch den Klimawandel schmilzt das Eis an den Polen. Dadurch steigt der Meeresspiegel an. Flache Inseln und Küstenstädte könnten dadurch im Meer versinken. Klimaforscher befürchten auch, dass es durch den Klimawandel mehr starke Stürme gibt und dass sich Wüsten ausbreiten. Deshalb arbeiten die Politiker weltweit daran, die Verschmutzung der Luft durch Abgase zu verringern. In der japanischen Stadt Kyoto haben sie eine Vereinbarung zum Klimaschutz getroffen, das → Kyoto-Protokoll.

Es gibt verschiedene Möglichkeiten, um die Luft vor weiterer Verschmutzung durch Abgase zu schützen. Energie zu sparen ist eine Möglichkeit, zum Beispiel mit besser isolierten Gebäuden. In die Schornsteine der Fabriken müssen gute Luftfilter eingebaut werden. Autos brauchen umweltfreundlichere und spritsparende Motoren.

Auch → erneuerbare Energien erzeugen weniger Abgase und können helfen, den Treibhauseffekt nicht weiter anzuheizen.

Koalition

Koalition

Der Begriff »Koalition« kommt von dem lateinischen Wort »koalieren« – das bedeutet »verbünden«. Eine Koalition ist also ein Bündnis. Der Begriff wird vor allem in der → Politik benutzt. Wer in Deutschland regieren will, braucht die Mehrheit aller Stimmen bei einer Wahl. Es kommt aber nur ganz selten vor, dass bei einer Wahl eine → Partei alleine die Mehrheit aller Stimmen bekommt. Deshalb müssen sich zwei oder mehrere Parteien zusammentun. Gemeinsam haben sie dann die Mehrheit aller Stimmen und können zusammen regieren. Die Parteien gehen dazu ein Bündnis ein – eine Koalition.

Bevor sie eine Koalition bilden, besprechen sie, welche Ziele sie gemeinsam erreichen wollen und wie sie diese Ziele erreichen können. Diese Gespräche nennt man Koalitionsverhandlungen. Die Ergebnisse der Koalitionsverhandlungen werden in einem Vertrag festgehalten, dem Koalitionsvertrag.

Zwischen den Parteien, die eine Koalition bilden, kann es schon mal Streit geben. Denn eine Koalition zu haben, heißt nicht automatisch, dass man immer dieselbe Meinung hat. Es bleiben ja immer noch verschiedene Parteien, die in der Koalition gemeinsam regieren.

Wenn sich eine der Parteien nicht an den Koalitionsvertrag hält, kann es dazu kommen, dass eine Koalition auseinander bricht. Wenn sich die Koalitionspartner aber gut verstehen, sie sich also bei vielen Themen einig sind, können sie gemeinsam auch viel erreichen.

135

Konzentrationslager

Konzentrationslager

Ein Konzentrationslager ist ein großes Lager, in dem viele Menschen eingesperrt wurden. Die Abkürzung dafür lautet »KZ«. Der grausame Diktator Adolf Hitler hat ab 1933 solche Konzentrationslager bauen lassen. Darin hat er zunächst die Menschen einsperren lassen, die eine andere Meinung hatten als er.

Immer mehr Menschen mussten ins Konzentrationslager

Das waren zum Beispiel Mitglieder von → Parteien, die gegen Hitler waren. Diese Menschen wurden verhaftet und in den Konzentrationslagern fest-

Kinder im Konzentrationslager Auschwitz

gehalten. Aber sie waren nicht die einzigen. Die Nationalsozialisten haben ab dem Jahr 1935 immer mehr Menschen einge-sperrt, vor allem Juden, aber auch Sinti und Roma, Homosexuelle und behinderte Menschen.

In den Konzentrationslagern mussten die Menschen sehr hart arbeiten. Außerdem bekamen sie kaum etwas zu essen. Viele mussten so hart arbeiten, dass sie durch die großen Anstrengungen vor Erschöpfung gestorben sind. Andere Menschen wurden direkt umgebracht. Auch Kinder wurden in den Konzentrationslagern getötet.

Das Konzentrationslager überlebten nur wenige

Die Nationalsozialisten haben in den Konzentrationslagern über sechs Millionen Menschen brutal ermordet. Als Deutschland 1945 den → Zweiten Weltkrieg verloren hat, haben britische, sowjetische, französische und amerikanische Soldaten die Menschen aus den Konzentrationslagern befreit. Es gab aber nur wenige Überlebende.
Nach dem Krieg behaupteten viele Leute in Deutschland, dass sie von den Konzentrationslagern nichts gewusst hätten.

Kyoto-Protokoll

Hitler befahl den Holocaust

Hitler sorgte dafür, dass alle jüdischen Menschen, die seine Soldaten fangen konnten, in Konzentrationslager gebracht wurden. Dort wurden sie grausam umgebracht. Hitler hat in den Konzentrationslagern dafür richtige Tötungsfabriken bauen lassen – die Gaskammern. Dort wurden die Leute hineingetrieben und mit giftigem Gas erstickt. Da so viele jüdische Menschen getötet wurden, spricht man auch von Völkermord. Den Völkermord an den Juden in der Zeit des → Nationalsozialismus nennt man Holocaust.

Heute sind einige der ehemaligen Konzentrationslager Museen oder Gedenkstätten, zum Beispiel das KZ Buchenwald bei Weimar oder das KZ Dachau bei München. Hier gibt es Ausstellungen und Informationen über die Menschen, die im KZ waren, und darüber, wie sie gequält und umgebracht wurden. Auch Schulklassen können die Gedenkstätten besichtigen. Die Gedenkstätten gibt es, damit die schlimme Geschichte nicht vergessen wird und damit etwas Ähnliches nie mehr passiert.

Kyoto-Protokoll

K

Wenn die schützende Gashülle um die Erde verschmutzt wird, hat das schlimme Folgen. Die Forscher sind sich einig, dass es dadurch zu einem → Klimawandel auf der Erde kommt, dass es zum Beispiel wärmer wird. Das Eis an den Polen könnte völlig schmelzen. Dadurch würde der Meeresspiegel ansteigen und Inseln und die Küstenstädte vieler Länder könnten im Meer versinken.

Klimakonferenz in Kyoto

Das wissen auch die Politiker. Deshalb haben sich im November 1997 wichtige Politiker auf einer Konferenz in der japanischen Stadt Kyoto getroffen. Dort haben sie einen Plan gemacht, damit in Zukunft weniger Dreck in die Luft gepustet wird. Es wurde ein Vertrag unterzeichnet, das Kyoto-Protokoll, in dem steht, was weltweit gegen

Kyoto-Protokoll

die Verschmutzung durch zu viele Emissionen, also Schadstoffe, getan werden muss. Seit dem 16. Februar 2005 gilt dieser Vertrag. Alle Länder, die den Vertrag unterschrieben haben, müssen sich an den Plan halten. Eigentlich ist das Kyoto-Protokoll ein ganz einfacher Plan, und die meisten Politiker, die sich in der japanischen Stadt Kyoto getroffen haben, waren sich auch einig: Die Verschmutzung der Luft muss weniger werden, alle Länder sollen dafür sorgen, dass bis zum Jahr 2012 viel weniger dreckige Emissionen in die Luft gepustet werden.

Fast alle Länder wollten bei dem Plan mitmachen. Bedingung für die Gültigkeit des Vertrages war: es müssen ihn mindestens 55 Länder unterschreiben. Und es müssen die Länder dabei sein, bei denen es besonders viele Emissionen gibt. Zu den Ländern, die am meisten dreckige Abgase in die Luft blasen, gehören die USA, Russland und die Mitgliedsländer der Europäischen Union. Die Zahl von 55 Ländern, die den Vertrag unterschreiben mussten, war schnell erreicht. Das Problem war aber: Es fehlte noch die Unterschrift von mindestens einem der großen Luftverpester, also die von den USA oder die von Russland.

Die Regierung von Russland hat sehr lange überlegt, ob sie den Vertrag überhaupt unterschreiben soll. Erst Ende des Jahres 2004 hat sie sich dann dazu entschlossen. Mit der Unterschrift des russischen Präsidenten Wladimir Putin war klar, dass alle Bedingungen erfüllt sind, damit der Vertrag gültig werden kann.

Februar 2005: Der damalige Bundesumweltminister Jürgen Trittin bei einer *Greenpeace*-Aktion zum Kyoto-Protokoll

Der amerikanische Präsident George Bush hat beschlossen, dass sein Land das Kyoto-Protokoll nicht anerkennen wird. Das verärgert viele Leute – Umweltschützer und viele Politiker spre-

Landesregierung

chen von einem Skandal. Die USA als großes Industrieland blasen weltweit die meisten Emissionen in die Luft. Der ganze Plan von Kyoto ist dadurch gefährdet und das Klima auf der Erde erwärmt sich weiter. Die Folgen davon treffen nicht nur die USA, sondern alle. Mittlerweile sagen Wissenschaftler und Umweltschützer, dass die Vereinbarungen im Kyoto-Protokoll nicht ausreichen werden, um eine gefährliche Klimaveränderung zu verhindern. Im Dezember 2005 gab es eine internationale Konferenz zum Weltklima in der kanadischen Stadt Montreal, auf der einige Beschlüsse des Kyoto-Protokolls verbessert wurden.

Landesregierung

In Deutschland gibt es sechzehn Bundesländer. Die Bundesländer mit ihren Hauptstädten heißen:

Baden-Württemberg: Stuttgart
Bayern: München
Berlin: Berlin
Brandenburg: Potsdam
Bremen: Bremen
Hamburg: Hamburg
Hessen: Wiesbaden
Mecklenburg-Vorpommern: Schwerin
Niedersachsen: Hannover
Nordrhein-Westfalen: Düsseldorf
Rheinland-Pfalz: Mainz
Saarland: Saarbrücken
Sachsen: Dresden
Sachsen-Anhalt: Magdeburg
Schleswig-Holstein: Kiel
Thüringen: Erfurt

Jedes dieser Bundesländer hat eine eigene Landesregierung, die viele Dinge regelt, die für das Bundesland wichtig sind. Es gibt also nicht nur die
→ Bundesregierung in Berlin, die für ganz Deutschland zuständig ist, sondern zusätzlich auch noch die Landesregierungen.
Die Chefs der Landesregierungen heißen Ministerpräsidenten. Die Ministerpräsidenten sitzen mit ihrer Landesregierung in den Landeshauptstädten. Die Landes-

Links und Rechts in der Politik

regierungen regeln nicht nur die → Politik in ihrem Bundesland. Sie sind auch dazu da, die Entscheidungen der Bundesregierung zu überprüfen. Dazu treffen sich Vertreter der Landesregierungen im → Bundesrat. Durch diese Kontrolle soll gesichert werden, dass die Bundesregierung keine Fehler macht. Diese Art, durch gegenseitige Kontrolle für eine gute Politik zu sorgen, nennt man → Föderalismus.

Links und Rechts in der Politik

Die Begriffe »Links« und »Rechts« stehen in der → Politik für eine politische Meinung. Links und Rechts sind gegensätzliche politische Ansichten. Die Farbe für links ist rot, die Farbe für rechts schwarz.
Dass man sagt, jemand ist politisch »links« oder »rechts«, ist schon ziemlich lange so. Das kommt von der Sitzordnung der Politiker im französischen Parlament von 1830. Links vom Präsidenten saßen die revolutionären → Parteien und rechts die konservativen.
Später hat sich diese Sitzordnung übertragen auf andere Parlamente: links sitzen die progressiven und sozialdemokratischen Parteien und die Kommunisten, rechts die konservativen und bürgerlichen Parteien, aber auch die nationalistischen Parteien.
Im → Bundestag ist das auch so. Die Linke.PDS, die Grünen und die SPD sitzen links, die FDP und die CDU/CSU sitzen rechts. Die Sitzordnung ist geblieben, auch wenn viele Parteien heute sagen: Wir sind in unseren Ansichten weder links noch rechts, wir sind die »Mitte«.
In der Vergangenheit war die Trennung aber ganz klar.

Links und Rechts in der Politik

L

In der Geschichte stand »links« für große Veränderungen:
- die Gleichberechtigung aller Menschen
- die Abschaffung von arm und reich – alle sollten das Gleiche haben
- die → Gleichberechtigung von Frauen und Mädchen

Rosa Luxemburg kämpfte für eine linksgerichtete Politik

- den Kampf der Arbeiter für gerechte Löhne
- die staatliche Unterstützung für ärmere Leute
- Religion ist für die Politik nicht so wichtig
- zur Not müssen die Ziele mit einer Revolution/Gewalt erkämpft werden

In der Geschichte stand »rechts« für das Festhalten an Traditionen:
- die Machtverteilung in der Gesellschaft soll unverändert bleiben
- die Menschen sind unterschiedlich und das soll auch so bleiben
- der Mann hat in der Familie das Sagen
- wichtig ist, was der → Wirtschaft hilft

Kaiser Wilhelm II. bei einer Besprechung

- jeder ist für sein eigenes Wohlergehen selbst verantwortlich
- Religion ist wichtig für die Politik und alle müssen sich an die religiösen Vorschriften halten
- zur Not muss der Staat seine Interessen mit Gewalt durchsetzen und dafür muss er eine

logo!

starke Polizei und ein starkes Militär haben

Es gab verschiedene linke und rechte Gruppen und Parteien. Manche von ihnen wollten ihre Ideen mit aller Macht und Gewalt durchzusetzen. Sie waren der Überzeugung, dass ihre Meinung die einzig richtige ist und dass alle, die anders denken, Feinde und Verräter sind.
Auch heute gibt es solche Gruppen. Man nennt sie »rechtsradikal« oder »linksradikal«.

logo!

Seit 1988 gibt es die Kindernachrichtensendung logo! im deutschen Fernsehen. Zunächst wurde die Sendung im ZDF ausgestrahlt. Seit der Gründung des Kinderkanals 1997 wird die ZDF-Sendung logo! auch im KI.KA gesendet. logo! ist nach wie vor die einzige regelmäßige Nachrichtensendung für Kinder im deutschen Fernsehen.

Bundespräsident Horst Köhler beantwortet die Fragen eines jungen logo!-Reporters

Ähnliche Sendungen gibt es in Großbritannien, dort heißen die Kindernachrichten »Newsround«, und in den Niederlanden, wo sie »Jeugd Journal« heißen.
Kindernachrichten erklären Kompliziertes in einfacher Sprache, berichten über Themen, die auch in den Erwachsenen-Nachrichten vorkommen, und

Menschenrechte

über Themen, die Kinder besonders interessieren oder betreffen.
Kindernachrichten gibt es, damit Kinder Bescheid wissen über das, was auf der Welt passiert. Nur wer informiert ist, kann auch mitreden und sich eine Meinung bilden. Das gilt für Kinder genauso wie für Erwachsene.
»Kinder haben ein Recht auf Information« – so steht es sogar in der Kinderrechtskonvention, einer Vereinbarung, die viele Länder der Erde unterschrieben haben (➔ Kinderrechte).
Die Kindernachrichtensendung logo! gibt es von Montag bis Freitag im KI.KA und am Samstag im ZDF.

Menschenrechte

Die Menschenrechte sind wichtige Rechte, die immer und für alle Menschen auf der Welt gelten. Sie wurden 1948 von Vertretern der ➔ UNO beschlossen. Insgesamt gibt es 30 Menschenrechte. Zum Beispiel das Recht auf genug zu essen, das Recht auf Frieden und Sicherheit und das Recht auf eine eigene Meinung.
In vielen Ländern werden die Menschenrechte eingehalten. Die Regierungen in diesen Ländern sorgen dafür. Dort leben die Menschen in Frieden und

Eine Aktion von *amnesty international* für mehr Beachtung der Menschenrechte

Menschenrechte

dürfen ihre Meinung sagen. Das gilt zum Beispiel für Länder wie Deutschland, Japan oder Australien. In Deutschland stehen die Menschenrechte extra ganz am Anfang im → Grundgesetz.
In anderen Ländern sind die Menschenrechte den Regierungen nicht so wichtig. Das ist zum Beispiel in Nordkorea so. Dort dürfen die Menschen ihre eigene Meinung nicht immer sagen. Sie können ins Gefängnis kommen, wenn sie anderer Meinung sind als die Regierung. Es gibt auch Regierungen, die ihre Gegner misshandeln oder die Menschen verfolgen, weil sie anders sind, als es der Regierung gefällt. Das ist durch die Menschenrechte verboten.
Die Einhaltung der Menschenrechte wird ständig kontrolliert. Wenn eine Regierung die Menschenrechte missachtet, versuchen die Länder der UNO, sie mit verschiedenen Mitteln doch dazu zu bringen, die Menschenrechte einzuhalten. Es verkauft zum Beispiel niemand mehr Waren an dieses Land, und die Regierung bekommt auch keine Hilfe von anderen Ländern. Oder die UNO lässt das Land nicht mehr mitbestimmen in Angelegenheiten, die die ganze Welt betreffen.
Es gibt auch Organisationen, die sich unabhängig von den Regierungen für die Menschenrechte

Demonstration für die Einhaltung der Menschenrechte in China

einsetzen und genau schauen, welches Land sie beachtet und welches nicht. Solche Menschenrechtsorganisationen wie zum Beispiel *amnesty international* haben durch ihre Arbeit schon oft dafür gesorgt, dass Regierungen Leute aus Gefängnissen entlassen mussten, in die sie sie nur wegen ihrer Meinung eingesperrt hatten.

Minister

Minister

Minister sind die wichtigsten Mitarbeiter in einer Regierung. Das Wort »Minister« kommt aus dem Lateinischen und bedeutet übersetzt ungefähr »erster Diener«. Damit ist gemeint, dass die Minister mit ihrer Arbeit den Menschen in ihrem Land dienen. Der → Bundeskanzler sucht sich die Leute aus, die in seiner Regierung Minister werden sollen. Er muss gut mit ihnen auskommen, denn die Minister sind seine engsten Mitarbeiter. Der → Bundespräsident ernennt sie dann zu Ministern.

Alle Minister an einem Tisch

Die Minister sind die Chefs der dreizehn Ministerien – das sind Behörden –, die es in Deutschland gibt. Dort arbeiten sie zusammen mit ihren Mitarbeitern.
Die fünfzehn Ministerien sind so aufgeteilt, dass alle wichtigen Themen in Deutschland bearbeitet werden können.

Es gibt zum Beispiel ein Ministerium für Gesundheit. Die Gesundheitsministerin kümmert sich darum, dass die Menschen in Deutschland gut versorgt werden können, wenn sie krank sind.
Ein anderes Ministerium ist das Familienministerium. Auch dieses Ministerium leitet zur Zeit eine Frau, die Familienministerin. Sie setzt sich in der Regierung besonders für die Familien ein, dafür, dass Kinder nicht in Armut leben müssen, oder für eine Kindererziehung ohne Gewalt. Außerdem kümmert sie sich um die Belange von alten Menschen und darum, dass Frauen und Männer gleich behandelt werden.
Der Finanzminister muss mit seinen Mitarbeitern im Finanzministerium dafür sorgen, dass das Geld, das der Staat durch die → Steuern in die Staatskasse bekommt, für die richtigen Dinge ausgegeben wird.
Der Verteidigungsminister ist der oberste Chef der → Bundeswehr und der deutschen Soldaten.
Der Außenminister soll für gute Beziehungen zwischen Deutschland und anderen Ländern sorgen, der Umweltminister achtet auf den Umweltschutz und zum Beispiel auch auf die Sicherheit der → Atomkraftwerke, und der Wirtschaftsmi-

Mobbing

M

nister soll dafür sorgen, dass es der → Wirtschaft gut geht und dass es weniger Arbeitslose gibt.
So hat jeder Minister seine eigene Aufgabe. Wenn alle Minister ihre Aufgabe gut erledigen und gut zusammenarbeiten, funktioniert die Regierung.

Die Familienministerin Ursula von der Leyen beim Spielen mit Kindern

Mobbing

»Den mach ich fertig!« – so etwas hat jeder schon mal gesagt oder gedacht, der wütend war. Wenn die Wut verraucht ist, weiß man: das war nicht wirklich so gemeint.

Es gibt aber Menschen, die andere wirklich fertig machen wollen. Sie ärgern und quälen einen anderen immer und immer wieder. Das nennt man dann Mobbing. Das Opfer wird immer ängstlicher und ist irgendwann völlig verstört.
Der Begriff »Mobbing« kommt von dem englischen Wort »to mob«. Übersetzt heißt es so viel wie »jemanden anpöbeln« oder »jemanden dumm anmachen«. Mobbing gibt es leider in fast jeder Schule. Meistens passiert es unter Mitschülern. Die Täter – oft eine Gruppe – suchen sich einen aus und mobben ihn jeden Tag. Leider kommt Mobbing oft über längere Zeit nicht heraus.

Monarchie

M

Aus Angst, dass es noch schlimmer wird, erzählt das Opfer niemandem davon. So kann man die Täter auch nur schwer erwischen und das Mobbing beenden. Deshalb: Wenn ihr selbst gemobbt werdet oder jemanden kennt, dem das passiert, erzählt unbedingt Eltern, Lehrern oder auch der Polizei davon.

Monarchie

Es gibt Länder, die haben einen König oder eine Königin. Der König oder die Königin ist in diesen Ländern der oberste Vertreter des Landes – also das Staatsoberhaupt. Ein Land mit einem König als Staatsoberhaupt ist eine Monarchie.

Es gibt verschiedene Arten von Mobbing

Mobbing durch Gewalt: Wenn jemand immer wieder verprügelt wird oder seine Sachen kaputt gemacht oder geklaut werden. Manchmal nehmen die Täter dem Mobbingopfer jede Woche das Taschengeld ab.

Mobbing durch Nichtbeachtung: Wenn jemand immer wieder absichtlich übersehen wird. Das heißt: Keiner spricht mit der Person oder kümmert sich um sie. Sie wird auch nie zum Spielen oder zu Geburtstagen eingeladen.

Die Königin von Großbritannien, Queen Elizabeth II., und ihr Mann auf dem Thron

Mobbing durch Worte: Wenn immer wieder über jemanden gelästert wird, weil er oder sie anders ist als der Rest oder zum Beispiel nicht die modernsten Klamotten hat. Oder wenn jemand ständig beschimpft und gehänselt wird.

Das lateinische Wort »Monarchie« bedeutet eigentlich »Alleinherrschaft«. Das heißt, ein Land wird von einer Person – dem Monarchen – alleine regiert. Der Monarch ist nicht gewählt, sondern ein König oder

Monarchie

eine Königin. Das kann man nur werden, wenn man in die Königsfamilie hineingeboren wurde, also als Kind Prinz oder Prinzessin war.

Es gibt nur noch wenige Länder, in denen Könige alleine herrschen und festlegen, was in ihrem Land passiert, zum Beispiel in Brunei oder in Saudi-Arabien. Die Könige und Königinnen in Europa haben schon lange nicht mehr alleine das Sagen über ihr Land, es gibt in Europa keine reinen Monarchien mehr. In allen europäischen Ländern gibt es demokratisch gewählte Regierungen, die das Sagen haben. Dort arbeiten die Regierung und der König oder die Königin zusammen und entscheiden gemeinsam, was in ihrem Land passiert.

Eine sehr wichtige Aufgabe der modernen Königinnen oder Könige in Europa ist das Repräsentieren. Repräsentieren ist ein anderes Wort für vertreten. Der König vertritt sein Land bei wichtigen Veranstaltungen zu Hause und im Ausland. Dazu reist er zum Beispiel zu einem ➔ Staatsbesuch in andere Länder oder er empfängt ausländische Gäste im seinem Land.

Deutschland ist keine Monarchie, wir haben keinen König als obersten Vertreter unseres Landes. Bei uns ist der oberste Vertreter der ➔ Bundespräsident. Wenn unser Bundespräsident zum Beispiel einen Staatsbesuch in Spanien macht, wird er vom König empfangen und die beiden sprechen gemeinsam über ihre Länder und über ➔ Politik.

Das spanische Königspaar zu Besuch bei Bundespräsident Horst Köhler und seiner Frau

Nationalsozialismus

Nationalsozialismus

Der Nationalsozialismus entstand in Deutschland am Anfang des 20. Jahrhunderts. Die Anhänger des Nationalsozialismus sagten, dass Deutsche besser seien als andere Menschen und dass sie deshalb auch mehr Rechte als andere Menschen haben sollen. Außerdem ging es den Nationalsozialisten darum, die Macht der Deutschen weltweit zu vergrößern.

Adolf Hitler

1919 wurde die Nationalsozialistische Deutsche Arbeiterpartei (NSDAP) gegründet. Ihr Anführer war ab 1921 Adolf Hitler.

Den Menschen in Deutschland ging es damals sehr schlecht. Viele von ihnen hatten keine Arbeit und auch nicht genug Geld, um ihre Familien zu ernähren. Adolf Hitler versprach, dass es ihnen viel besser ginge, wenn sie ihn wählen und er Deutschland regieren würde. Hitler konnte sehr überzeugende Reden halten. Viele Menschen glaubten ihm, dass er wirklich nur das Beste für die Deutschen wollte. 1933 wählten die Menschen in Deutschland die NSDAP und Adolf Hitler an die Macht. Hitler wurde Regierungschef von Deutschland und bald auch Chef der deutschen Armee. Er wurde immer mächtiger und konnte bald alles alleine entscheiden und bestimmen.

N

Nationalsozialismus

Adolf Hitler war ein Diktator und bekämpfte alle Menschen, die gegen ihn waren. Er verbot Zeitungen, die Artikel gegen ihn schrieben. Er redete den Menschen in Deutschland ein, dass sie ihm blind gehorchen müssten.

Nur dann könnte er für Deutschland das Beste tun. Damals glaubten ihm viele Leute und sie taten, was Hitler wollte. Alle, die nicht seiner Meinung waren, ließ er verfolgen und einsperren. Hitler hatte einen grausamen Plan: Er wollte alle Juden in Deutschland und anderen Ländern töten. Um dieses Vorhaben durchzusetzen, behauptete er, dass Juden schlechte Menschen seien. Immer wieder hat er gesagt, dass die Juden an allem Schlechten schuld seien.

Reichspogromnacht

In der Nacht vom 9. November 1938 zerstörten Hitlers Nationalsozialisten Wohnungen und Geschäfte von Juden. Außerdem zündeten sie mehr als 2.000 Synagogen, die Gebetshäuser der Juden, an. Was am 9. November 1938 in Deutschland passierte, nennt man die Reichspogromnacht. Deutschland wurde damals auch »Deutsches Reich« genannt – der erste Teil des Wortes sagt also, wo das Ereignis stattfand. Ein Pogrom ist massenhafte Gewalt gegen Menschen, die zum Beispiel zu einer anderen Religion gehören. Schon vor der Reichspogromnacht hatte es Angriffe gegen Juden gegeben. Nach dieser Nacht wurden sie aber noch schlimmer.

Mit unmenschlichen Gesetzen machte Hitler den Juden das Leben zur Hölle. Juden mussten zum Beispiel einen gelben Stern tragen, damit sie für alle als Juden erkennbar waren. Sie durften abends ihre Häuser nicht mehr verlassen, und die jüdischen Kinder durften nicht mehr zur Schule gehen. Niemand sollte mehr in Geschäften einkaufen, die Juden gehörten. Es gab ganz viele solcher Gesetze, die nur ein Ziel hatten: die jüdischen Menschen zu quälen.

Nationalsozialismus

Holocaust

Es reichte Hitler aber nicht, Juden mit seinen Gesetzen zu quälen. Er wollte die Juden vernichten. Hitlers Soldaten und Polizisten begannen damit, Juden einfach zu verhaften, obwohl sie gar nichts getan hatten. Es reichte aus, dass sie Juden waren.

Holocaust-Mahnmal in Berlin

Viele Menschen in Deutschland taten, was Hitler sagte. Sie behandelten ihre jüdischen Nachbarn plötzlich schlecht und wollten nichts mehr mit ihnen zu tun haben. Sie beschmierten ihre Häuser und beschimpften sie auf der Straße. Manche verrieten auch der Polizei, wo sich Juden versteckt hatten.
Fast alle Juden wurden in ➔ Konzentrationslager gebracht – auch die Kinder. Das waren große Lager, in denen sie schwer arbeiten mussten und nur wenig zu essen bekamen. Wenn sie nicht mehr konnten, wurden sie umgebracht. Nach 1941 wurden Juden nur noch aus einem Grund in Konzentrationslager geschickt: Um sie dort zu ermorden. Insgesamt wurden von 1933 bis 1945 in Europa sechs Millionen Juden von den Nazis ermordet. Sie starben entweder, weil sie keine Kraft mehr hatten, oder wurden erschlagen oder erschossen. Die meisten starben aber in den Gaskammern, die Hitler extra bauen ließ und die nur einen Zweck hatten: Menschen zu töten. Den Massenmord an den Juden nennt man »Holocaust«. Das kommt von dem griechischen Wort »holokaustus« und heißt »völlig verbrannt«.
Natürlich gab es auch Menschen, die mit den Nationalsozialisten nicht einverstanden waren. Die meisten unternahmen aber nichts aus Angst vor Hitler und seiner Regierung. Die Nationalsozialisten verfolgten nämlich auch die Menschen, die gegen die Judenverfolgung waren und Juden halfen, den Nazis zu entkommen. Einige wenige Deutsche waren so mutig, den Juden trotzdem zu helfen. Sie versteckten sie oder halfen ihnen bei der Flucht aus Deutschland.

N

NATO

Ewiges Gedenken

Das Holocaust-Mahnmal in Berlin, ein riesiges Denkmal, erinnert an die sechs Millionen Menschen jüdischen Glaubens, die zwischen 1933 und 1945 in Europa ermordet wurden. Über 2.700 Betonklötze, unterschiedlich hoch, stehen auf einem großen Platz. Das Holocaust-Mahnmal soll die Erinnerung wach halten und eine Ermahnung sein, damit so etwas Furchtbares nie wieder geschieht. Jeder kann es besichtigen und über die schlimme Zeit in der deutschen Geschichte nachdenken.

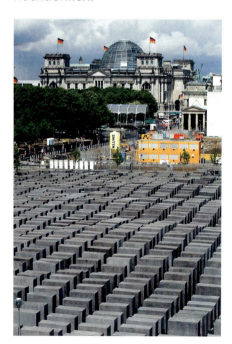

NATO

NATO ist die Abkürzung eines englischen Begriffes: »North Atlantic Treaty Organisation«. Übersetzt heißt das so viel wie: »Nordatlantikvertrag-Organisation«. Gegründet wurde die NATO am 4. April 1949 – also vor mehr als 50 Jahren.

Das Symbol der NATO

In der NATO haben sich 26 Länder zusammengeschlossen: Belgien, Bulgarien, Dänemark, Deutschland, Estland, Frankreich, Griechenland, Großbritannien, Island, Italien, Kanada, Lettland, Litauen, Luxemburg, die Niederlande, Norwegen, Polen, Portugal, Rumänien, die Slowakei und Slowenien, die Türkei, Spanien, die Tschechische Republik, Ungarn, die USA.
Die NATO ist ein Militärbündnis. Die Mitgliedsländer der NATO haben sich verpflichtet, einander zu helfen, wenn ein NATO-Mitgliedsland angegriffen würde. Wenn also Deutschland ange-

NATO

N

griffen würde, würden die anderen NATO-Länder Soldaten schicken, um Deutschland zu helfen.
Gegründet wurde die NATO ursprünglich, weil es früher zwischen den westlichen Ländern und den östlichen Ländern der Welt eine starke Feindschaft gab. Lange Zeit haben beide Seiten befürchtet, dass sie von den anderen angegriffen werden.

den Ländern der NATO vor allem um eins: Sie wollen zusammenhalten und die Terroristen bekämpfen, die für solche Terroranschläge verantwortlich sind.

NATO-Tagung in Berlin

Die Länder des Ostens hatten deshalb auch ein Militärbündnis, den »Warschauer Pakt«.
Doch seit einigen Jahren verstehen sich die Länder des Westens und des Ostens viel besser, keiner fürchtet mehr, dass die anderen angreifen. Der Warschauer Pakt ist ganz aufgelöst. Einige Länder aus dem Osten sind heute sogar Mitglied in der NATO.
Die NATO hat sich neue Ziele gesetzt. Seit den Terroranschlägen in den USA am
→ 11. September 2001 geht es

Nobelpreis

N

Nobelpreis

Seinen Namen hat dieser Preis vom Chemiker Alfred Nobel, der von 1833 bis 1896 in Schweden lebte. Er hat den Sprengstoff Dynamit erfunden und wurde damit sehr reich.

Mit Dynamit ging vieles einfacher: Man konnte zum Beispiel viel leichter Tunnel bauen, weil man Löcher in Berge sprengen konnte und sie nicht mehr mühsam graben musste. Mit Dynamit wurden aber auch Waffen hergestellt, mit denen in Kriegen und anderen Kämpfen viele Menschen getötet wurden. Alfred Nobel bedrückte es im Laufe seines Lebens, dass durch seine Erfindung Menschen starben. Deshalb hat er festgelegt, dass nach seinem Tod von seinem Vermögen Preise an Personen vergeben werden, die mit ihren Erfindungen oder Taten »der Menschheit den größten Nutzen erbracht haben«. Seit 1901 werden deshalb jährlich die Nobelpreise vergeben. Jedes Jahr am 10. Dezember, das ist der Todestag von Alfred Nobel, überreicht der schwedische König in Stockholm die Preise.

Wer bekommt einen Nobelpreis?

Nobelpreise gibt es für verschiedene Bereiche: für Erfindungen oder Forschungen in Physik, Chemie und Medizin, die den

Nobelpreisverleihung in Stockholm

Menschen helfen, oder auch für Literatur – also für besonders gute Bücher. Seit 1969 gibt es auch einen Nobelpreis für → Wirtschaft.

Olympische Spiele

Der Friedensnobelpreis

Der Friedensnobelpreis ist ganz besonders wichtig, eben weil sich Alfred Nobel so viele Gedanken über die schlimmen Folgen seiner Erfindung gemacht hat. Er wird an Menschen vergeben, die sich für Versöhnung und Frieden besonders stark einsetzen. Er kann an einen Einzelnen vergeben werden oder an bis zu drei Personen gleichzeitig. Außerdem kann er auch an eine Organisation gehen. An einen Deutschen ging der Friedensnobelpreis zum letzten Mal 1971. Damals erhielt ihn der damalige Bundeskanzler Willy Brandt, weil er sich für die Versöhnung zwischen den zerstrittenen Ländern des Ostens und des Westens eingesetzt hat.

Olympische Spiele

Die Olympischen Spiele sind das größte Sportereignis der Welt. Alle vier Jahre treffen sich die besten Sportler aus allen Ländern und kämpfen in verschiedenen Sportarten um goldene, silberne und bronzene Medaillen. Alle vier Jahre ist ein anderes

Die Olympischen Ringe

Land der Gastgeber für die Olympischen Spiele und jeder Gastgeber ist sehr stolz darauf, dass sein Land als Austragungsort für die Olympischen Spiele ausgewählt wurde. Es gibt immer große und prachtvolle Feierlichkeiten zu Beginn und zum Abschluss der Spiele.

Die Olympischen Spiele sind nach dem Ort »Olympia« in Griechenland benannt. Dort fanden im antiken Griechenland in der Zeit zwischen 776 vor Christus und 393 nach Christus immer im Abstand von vier Jahren Wettkämpfe statt. Sie fanden deshalb nur alle vier Jahre statt, weil die Anreise der Athleten damals viel länger dauerte als heute – es gab

Olympische Spiele

O

ja noch keine Flugzeuge oder Autos.
Die antiken Olympischen Spiele mit den Sportarten Laufen, Springen, Werfen, Pferde- und Wagenrennen und Kämpfen sollten Zeus ehren, den höchsten Gott der Griechen. Es durften nur Männer teilnehmen, Frauen durften nicht einmal zuschauen. Die Athleten waren dabei alle nackt. So sollte verhindert werden, dass heimlich Frauen mitmachten. Die Sieger wurden am Ende der sechstägigen Spiele mit einem Kranz aus Zweigen des Olivenbaums geehrt.
Der Zeitraum zwischen zwei Olympischen Spielen wurde im antiken Griechenland Olympiade genannt. Viele Menschen sagen heute Olympiade, wenn sie eigentlich die Olympischen Spiele meinen. Als es mit der Macht des antiken Griechenlands vorbei war, hörten auch die antiken olympischen Spiele auf. Erst 1894 hat der Franzose Pierre de Coubertin wieder an die Idee zu diesen Sportwettkämpfen gedacht, und 1896 fanden in der griechischen Hauptstadt Athen die ersten Olympischen Spiele der Neuzeit statt. Olympische Sportarten waren damals zum Beispiel Tauziehen und Ringen. Ab 1900 durften dann auch Frauen mitmachen. Die Liste der Sportarten wird seither immer länger – Tauziehen ist aber nicht mehr dabei. Im Jahr 2000 in Sydney standen zum ersten Mal Triathlon, Taekwondo und Trampolinspringen auf dem Programm. In Athen 2004 gab es zum ersten Mal Frauenringen.

Paralympics

Die Paralympischen Spiele sind die Olympischen Spiele für Sportler mit Behinderung. Sie finden jeweils in kurzem zeitlichen Abstand nach den Olympischen Spielen statt.
Der Begriff »Paralympics« setzt sich zusammen aus »Paralysis«, dem englischen Begriff für »Lähmung«, und dem Wort »Olympics«.

1948 begannen in England die ersten Sportspiele für Rollstuhlfahrer am selben Tag wie die Olympischen Spiele. 1960 fanden die ersten »Weltspiele der Gelähmten« in Rom statt, aber nicht mehr parallel zu den Olym-

OPEC

pischen Sommerspielen, sondern wenige Wochen später. Seitdem finden die Paralympics alle vier Jahre statt, immer im selben Jahr wie die Olympischen Spiele.

OPEC

OPEC ist eine englische Abkürzung und steht für »Organisation of Petroleum Exporting Countries«. Das bedeutet »Organisation der Erdöl exportierenden Länder«. Die OPEC ist ein Zusammenschluss der Länder, die viel → Erdöl verkaufen.
Die OPEC wurde 1960 von sechs Ländern gegründet, mittlerweile hat sie elf Mitglieder: Algerien, Indonesien, Iran, → Irak, Kuwait, Libyen, Nigeria, Katar, Saudi-Arabien, die Vereinigten Arabischen Emirate und Venezuela.

In diesen Ländern gibt es besonders viel Erdöl. Sie haben sich zusammengetan, um miteinander beraten zu können, wie sie ihr Erdöl am besten verkaufen können. Gemeinsam legen sie zum Beispiel fest, was das Erdöl kostet.
Sie besprechen auch, wie viel Erdöl sie jeden Tag fördern, also aus der Erde holen, und wie viel sie davon jeden Tag verkaufen.

Opposition

Das machen sie, damit der Preis gleich hoch bleibt.
Das mit dem Preis ist beim Erdöl genauso wie bei allen anderen Dingen: was es im Überfluss und in riesigen Mengen gibt, ist eher billig. Was selten ist, ist kostbar. Wenn viel mehr Erdöl zum Verkaufen da wäre, als gebraucht wird, würde niemand dafür einen hohen Preis bezahlen wollen.
Weil das Erdöl für die → Wirtschaft so wichtig ist, ist die OPEC eine mächtige Organisation.

Opposition

Das Wort »Opposition« bedeutet »Widerstand« oder »Widerspruch«. Wenn man in Opposition zu jemanden geht, heißt das, man ist anderer Meinung als er und man sagt das auch deutlich.
In der → Politik bedeutet Opposition, eine andere Meinung als die Regierung zu haben.
In der Opposition sind die → Parteien, die vom Wähler nicht genügend Stimmen für die Mehrheit bekommen haben und die deshalb nicht regieren können, und die Parteien, die keine → Koalition mit einer starken Partei bilden konnten, um mitzuregieren. Das heißt: alle Parteien, die nicht in der Regierung sind, sind automatisch »die Opposition«. Das gilt für den → Bundestag genau so wie für den Landtag der Bundesländer.
Die Opposition soll aber nicht nur gegen die Regierung sein und ständig auf sie schimpfen. Die Aufgabe der Opposition ist es, die Regierung zu kontrollieren, Fehler der Regierung aufzuzeigen und vor allem eigene Vorschläge zu machen, wie es besser gehen könnte.

Oscar

Der Oscar ist 34,6 Zentimeter hoch, mit einer millimeterdünnen Goldschicht überzogen und etwa drei Kilogramm schwer. Die kleine Statue ist der berühmteste Filmpreis der Welt. 300 Dollar ist allein sein Material wert. Viel wichtiger ist allerdings die Ehre, die solch ein Oscar für den Gewinner des Preises bedeutet. »Und der Oscar geht an …«, das ist der Satz, den alle Leute, die Filme machen, gern in Kombination mit ihrem Namen hören würden.

Die so genannte »Akademie« entscheidet, wer für einen Oscar vorgeschlagen wird und wer ihn schließlich gewinnt. Die Akademie hat insgesamt 6.000 Mitglieder aus allen möglichen Berufen rund um den Film, also Schauspieler, Regisseure, Drehbuchautoren oder Techniker. Die Akademiemitglieder schauen sich jede Menge Filme aus dem vergangenen Jahr an, bevor sie über die besten Schauspieler, die tollsten Kostüme, das beste Drehbuch, die schönste Filmmusik und noch viel mehr abstimmen. Das Ergebnis ist streng geheim und wird jedes Jahr im Frühjahr auf der großen Oscar-Party bekannt gegeben. Als der goldene Filmpreis im Jahr 1929 zum ersten Mal verliehen wurde, hieß er noch »Verdienstauszeichnung für herausragende Leistungen«. Seinen Spitznamen »Oscar« bekam der Filmpreis wahrscheinlich von der Bibliothekarin Margaret Hicket. Als sie ihn zum ersten Mal sah, soll sie gerufen haben: »Der sieht ja aus wie mein Onkel Oscar!«

Einen richtig filmreifen Skandal gab es im Jahr 2000. Damals verschwanden kurz vor der Oscar-Party 55 der Goldstatuen. Ein Schrotthändler fand 52 davon. Zur Belohnung für den Schrotthändler gab es 50.000 Dollar Finderlohn und eine Einladung zur Oscar-Party – wo der Mann sonst niemals in seinem Leben hin-

Papst

gekonnt hätte. Zur Oscar-Party sind normalerweise nur prominente Schauspieler und andere Berühmtheiten eingeladen.

Reese Witherspoon bei der Oscar-Verleihung im März 2006

Papst

Der Papst ist der Chef der katholischen Kirche. Man nennt ihn auch das »Oberhaupt der Kirche«. Er ist der wichtigste Kirchenmann für mehr als eine Milliarde Katholiken auf der Welt.

Die Katholiken glauben, dass der Papst Jesus Christus auf der Erde vertritt. Der Papst ist auch das Oberhaupt des kleinsten Staates der Welt, dem Vatikanstaat. Der Vatikan liegt mitten in der italienischen Hauptstadt Rom.

Der Papst hat eine ganze Menge zu tun als Chef der katholischen Kirche und als Staatschef des Vatikans. Er reist viel in andere Länder und spricht dort zu den Gläubigen und trifft sich mit Politikern aus der ganzen Welt, um mit ihnen über den Frieden und über Religion zu reden.

Wenn ein Papst stirbt, muss ein neuer Papst gewählt werden. Er wird von Kardinälen gewählt, den wichtigsten Männern der katholischen Kirche. Die Papstwahl läuft immer so ab, dass sich die Kardinäle 15 bis 20 Tage nach dem Tod eines Papstes versammeln, um einen von ihnen zum neuen Papst zu wählen. Die Kardinäle werden für den Zeitraum der Wahl in der Sixtinischen Kapelle eingeschlossen. Weder Telefon noch Fernsehen, Radio

Papst

Papst Benedikt XVI.

oder Zeitungen sind erlaubt. Die Kardinäle sollen sich so ganz auf die Wahl konzentrieren können. Außerdem ist die Wahl streng geheim. Die Kardinäle dürfen niemandem etwas von der Abstimmung verraten.

Damit alle außerhalb wissen, wie es mit der Wahl steht, geben die Kardinäle Rauchzeichen: Wenn sich die Kardinäle nicht auf einen Papst einigen können, verbrennen sie die Stimmzettel mit einem speziellen Mittel. Der Rauch, den die Menschen draußen sehen, ist dann schwarz. Dann reden sie noch mal und stimmen so oft neu ab, bis ein neuer Papst gewählt ist.

Wenn sich die Kardinäle auf einen Papst geeinigt haben, werden die Stimmzettel mit einem anderen Mittel verbrannt. Dann ist der Rauch weiß und die Leute wissen, dass die Wahl vollzogen ist. Danach wird die Sixtinische Kapelle wieder geöffnet und das Ergebnis wird verkündet. Gleich danach zeigt sich der neu gewählte Papst auf einem Balkon den Gläubigen. Kardinal Joseph Ratzinger ist am 19. April 2005 zum neuen Papst gewählt worden. Sein neuer Name als Papst lautet Benedikt XVI., das bedeutet »Benedikt der Sechzehnte«. Joseph Ratzinger wurde am 16. April 1927 in Marktl am Inn, einer kleinen Stadt in Bayern geboren. Seine Eltern hießen Josef und Maria. Sein Vater arbeitete als Polizist. Als junger Mann hat Ratzinger Theologie – also Religion – studiert. Er wurde Priester und Professor.

Mehrere Tausend Gläubige nehmen am Einführungsgottesdienst für Papst Benedikt XVI. teil

Papst Benedikt XVI. gilt als sehr altmodisch. Er möchte zum Beispiel nicht, dass Pfarrer heiraten dürfen. Er ist auch dagegen, dass in der katholischen Kirche Frauen Pfarrerinnen werden können. Wie sein Vorgänger ist

Partei

Papst Benedikt absolut dagegen, dass Paare beim Sex Verhütungsmittel benutzen. Obwohl viele Menschen seine Ansichten nicht teilen, verehren sie ihn sehr. Als er 2005 in Köln zum Weltjugendtag zu Gast war, wurde er mit großem Jubel empfangen. Der Vorgänger von Papst Benedikt XVI. war Johannes Paul II. Er war über 26 Jahre lang Papst.

Partei

In einer Partei schließen sich Leute zusammen, die die gleiche politische Meinung haben. Die politischen Ideen einer Partei werden aufgeschrieben und stehen dann im Parteiprogramm. Das Parteiprogramm kann jeder lesen und sich dann überlegen, ob er die Partei gut findet oder nicht.
Wenn jemand eine Partei und ihre Ideen sehr gut findet, kann er Mitglied der Partei werden. Er bekommt dann ein Parteibuch – das ist so etwas wie ein Mitgliedsausweis. Die Mitglieder einer Partei setzen sich dafür ein, dass die Ideen ihrer Partei besser bekannt werden. Sie machen Werbung für ihre Partei und vor den Wahlen auch → Wahlkampf. Denn sie wollen mit ihrer Partei in den → Bundestag gewählt werden, damit sie mitbestimmen können, was in ihrem Land passiert.
In Deutschland gibt es verschiedene Parteien: die größten und bekanntesten sind im Bundestag vertreten: CDU (Christlich Demokratische Union), CSU (Christlich Soziale Union), SPD (Sozialdemokratische Partei Deutschlands), FDP (Freie Demokratische Partei), Die Grünen und Die Linke.PDS (Partei des Demokratischen Sozialismus).

Außer diesen Parteien gibt es noch etliche kleine Parteien, die nicht im Bundestag vertreten sind.
Eine Partei kann jeder gründen, der selbst wahlberechtigt ist. Jede Partei muss sich an die Regeln und Gesetze in Deutschland halten. Damit eine neue Partei an den Wahlen teilnehmen darf, muss sie mindestens 2.000 Unterschriften sammeln von Leuten, die dafür sind, dass die neue Partei bei den Wahlen antritt.

PISA-Studie

Die Abkürzung »PISA« steht für den englischen Begriff »Programme for International Student Assessment«. Das heißt auf deutsch »Programm zur internationalen Schülerbewertung«. Bei der PISA-Studie werden 15-jährige Schüler aus verschiedenen Ländern regelmäßig darauf getestet, was sie können und wissen. Es nehmen 32 Länder teil. Die erste PISA-Studie gab es im Jahr 2000. Alle drei Jahre gibt es einen neuen Test.
Die PISA-Studien werden gemacht, um den Regierungen der verschiedenen Länder zu zeigen, was sie bei der Ausbildung der Kinder und an den Schulen verbessern können.

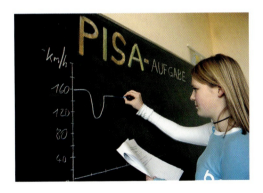

Im Jahr 2000 wurde besonders darauf geachtet, wie gut die Schüler und Schülerinnen lesen können, im Jahr 2003 ging es vor allem um Mathe, und im Jahr

PISA-Studie

P

2006 stehen die Naturwissenschaften – also Bio, Chemie und Physik – im Vordergrund. Zusätzlich wird immer noch geprüft, ob die Schüler wissen, wie man am besten etwas lernt und herausfindet und ob sie gut mit Computern umgehen können.

Das Ergebnis der ersten Studie im Jahr 2000 hat viele Leute in Deutschland schockiert. Die getesteten Schüler waren nämlich ziemlich schlecht im Vergleich zu den Kindern in anderen Ländern, zum Beispiel denen aus Finnland.

Das kann nicht daran liegen, dass deutsche Schülerinnen und Schüler dümmer oder fauler sind als die Kinder anderswo. Es muss am Unterricht liegen und an den Methoden, mit denen in Deutschland gelernt wird.

Bei der PISA-Studie gab es aber nicht nur Vergleiche zwischen verschiedenen Ländern, es wurde auch innerhalb eines Landes genau hingeschaut. Dabei kam für Deutschland heraus, dass Kinder von ärmeren Eltern viel seltener auf Gymnasien gehen als Kinder von Eltern, die besser verdienen, ganz unabhängig von ihren Leistungen in der Schule. Diese Benachteiligung kommt in Deutschland häufiger vor als in anderen Ländern.

Außerdem werden ausländische Kinder in Deutschland zu wenig gefördert. Für jemanden, der aus einem anderen Land kommt, ist das Lernen in einer fremden Sprache natürlich schwerer. Man sitzt in der Klasse, versteht nicht alles und muss hauptsächlich zuerst mal Deutsch lernen. Dafür bekommen Kinder aus anderen Ländern bei uns zu wenig Extra-Sprachunterricht.

Deshalb gibt es seither in allen → Parteien große Diskussionen darüber, was man an den Schulen und am Lernen in Deutschland verbessern muss.

Die → Ministerin für Bildung muss mit ihren Mitarbeitern und den Beratern von der PISA-Studie die besten Ideen herausfinden und dann dafür sorgen, dass sie auch umgesetzt werden. Damit sich an den Schulen etwas ändert und die deutschen Schüler genauso gut werden wie viele andere.

Politik

Der Begriff »Politik« kommt von dem griechischen Wort »Polis«, das »Stadt« oder auch »Gemeinschaft« bedeutet. In der Politik geht es um die Gemeinschaft aller Bürger eines Landes.

Bundespräsident Horst Köhler beantwortet die Fragen eines jungen logo!-Reporters

Politik betrifft jeden, auch die Kinder. In der Politik wird entschieden, was in einem Land passiert und wie die Menschen in diesem Land leben. Der Begriff Politik bedeutet so viel wie »Kunst der Staatsverwaltung«. Damit ist alles gemeint, was Politiker tun, damit es in ihrem Land möglichst gut funktioniert. Politiker kann jeder werden. Man tritt in eine → Partei ein, macht sich Gedanken, was gut für das Land und die Leute ist, und versucht dann, diese Ideen zu verwirklichen. Wenn Wahlen sind, kann man gewählt werden und als Vertreter der Leute, die einen gewählt haben, Politik machen. Wenn die eigene Partei genug Stimmen bekommen hat, sogar in der Regierung.
Politiker beraten und beschließen zum Beispiel Gesetze, also Regeln, an die sich alle Bürger eines Landes halten müssen. Sie entscheiden darüber, wofür die → Steuern ausgegeben werden sollen. Also zum Beispiel darüber, wie viel Kindergeld eure Eltern bekommen. Politiker vertreten ihr Land auch im Ausland und entscheiden darüber, mit welchen anderen Staaten man befreundet ist oder eher nicht.
Über Politiker wird viel geschimpft, weil es immer Leute gibt, die mit ihren Entscheidungen nicht einverstanden sind. Jeder Bürger, der eine Idee hat oder eine Beschwerde, kann sich damit direkt an einen Politiker wenden. Er kann ihm vorschlagen, was er besser machen soll. Denn die Politiker sind ja die Vertreter der Bürger – ein bisschen so, wie der Klassensprecher der Vertreter seiner Klasse ist.

Ramadan

Der Ramadan ist für die gläubigen Muslime auf der Welt eine wichtige Zeit: die muslimische Fastenzeit. Einmal im Jahr dürfen die gläubigen Muslime einen Monat lang tagsüber von Sonnenaufgang bis Sonnenuntergang nichts essen und nichts trinken.
Muslime sind Menschen, deren Religion der → Islam ist. Ihr Gott heißt Allah und sein Prophet Mohammed. Im heiligen Buch der Muslime, dem Koran, steht, dass jeder Muslim den Ramadan mit all seinen Regeln einhalten muss.

Jungen bereiten die Mahlzeit vor, die erst nach Sonnenuntergang gegessen werden darf

Essen nur nach Sonnenuntergang

Wenn die Sonne untergegangen ist, unterbrechen die Muslime das Fasten bis zum nächsten Morgen. Viele treffen sich abends zum Essen. Dabei beten sie dann gemeinsam oder lesen im Koran.
Übrigens: Kleinkinder, schwangere Frauen, alte und kranke Menschen müssen im Ramadan nicht fasten.

Nichts Böses denken

Im Ramadan beten die Muslime sehr viel, weil sie in dieser Zeit besonders an ihren Gott Allah denken wollen. Die Muslime sollen sich von allem fern halten, was sie von Gott ablenken könnte. Das können laute Musik, lustige Filme und Bücher, aber auch andere Menschen sein. Man darf tagsüber zum Beispiel auf keinen Fall flirten oder Sex haben. Außerdem ist es streng verboten, Böses zu denken oder zu tun. Deshalb versuchen die Muslime, im Ramadan besonders nett zu ihren Mitmenschen zu sein und sich nicht zu streiten. Sie glauben, dass ihr Gott Allah nur dann mit ihnen zufrieden ist, wenn sie alle Ramadan-Regeln genau befolgen.

Die Nacht der Bestimmung

Der wichtigste Tag im Ramadan ist drei Tage, bevor die Fastenzeit zu Ende geht. Dann feiern die Muslime »die Nacht der Bestim-

Raumfahrt

mung«. Sie glauben, dass ihr Gott Allah in dieser Nacht dem Propheten Mohammed erschienen ist und ihm den Koran, also das Heilige Buch, verkündet hat.

Das Zuckerfest

Am Ende des Ramadan feiern die Muslime ein großes Fest. Drei Tage lang gibt es Gottesdienste.

Im Fastenmonat Ramadan wird viel gebetet

Die Muslime essen Bonbons, Kuchen und andere Süßigkeiten. Deshalb heißt das Fest »Zuckerfest«. Auch viele muslimische Kinder in Deutschland feiern diesen »Şeker Bayramı« (gesprochen: Schecker Bairamme). Das Fest feiern sie gemeinsam mit ihren Freunden und Verwandten.

Raumfahrt

Der Startschuss für das Zeitalter der Raumfahrt fiel im Oktober 1957. Die → Sowjetunion schoss den Satellit »Sputnik 1« in die Erdumlaufbahn. Dieser Satellit wog 80 Kilo und sendete Funksignale zur Erde. Der Jubel in der Sowjetunion war groß. Nach drei Wochen gaben die Batterien auf. Doch die Forscher ließen sich davon nicht abschrecken und forschten weiter.

Ein Raumfahrtzentrum in China

Die USA und die Sowjetunion wollten beide die Ersten sein, die zum Mond fliegen, es begann ein Wettlauf. Die beiden Länder standen sich damals feindlich

Raumfahrt

gegenüber. Die Politiker in den USA und der Sowjetunion hatten völlig verschiedene Vorstellungen davon, wie man ein Land regiert. Jede Seite war der Meinung, dass sie besser ist und in jedem Fall Recht hat. Das hatte sogar Auswirkungen auf die Raumfahrt. Wer würde als Erstes eine Rakete haben, die es bis zum Mond schafft?

Einen Monat nach dem Flug des Satelliten Sputnik ins Weltall folgte eine sowjetische Rakete mit einem Lebewesen an Bord: es war die Hündin Laika. Der erste Mensch im Weltall war der 27-jährige Juri Gagarin. Am 12. April 1961 flog er in einer sowjetischen Raumkapsel 108 Minuten durchs Weltall. Die Sowjetunion hatte in der Raumfahrt ganz klar Vorsprung.

Doch dann kam der große Tag der USA: Am 16. Juli 1969 flog die Rakete Apollo 11 zum Mond. Fünf Tage später setzte der amerikanische Astronaut Neil Armstrong als erster Mensch einen Fuß auf den Mond. Millionen Menschen sahen ihm im Fernsehen dabei zu.

1971 wurde die Raumstation MIR gebaut. Sie war für die Astronauten so etwas wie eine Wohnung im All, die um die Erde sauste. Leider gab es auch immer wieder Unfälle, bei denen Astronauten starben. 1986 explodierte die Raumfähre Challenger und 2003 die Raumfähre Columbia. Bei beiden Unfällen starben alle Besatzungsmitglieder – insgesamt vierzehn Astronauten.

Heute arbeiten alle Nationen im Weltraum zusammen, zum Beispiel beim Bau der → ISS. Die Sowjetunion gibt es nicht mehr, sie hat sich in mehrere Staaten aufgelöst – einer davon ist Russland, und auch Russland macht bei der ISS mit.

1976 landeten kleinere Raumsonden ohne Menschen an Bord auf dem Mars. Der nächste große Traum der Weltraumforschung ist eine bemannte Reise zum

Vor mehr als 30 Jahren betraten erstmals Menschen den Mond

Mars. Im Moment ist das für Menschen technisch noch nicht möglich. Der Mars ist sehr weit von der Erde entfernt, die Reise würde deshalb auch sehr lange dauern und es gibt noch kein Raumschiff, das so viel Treibstoff an Bord nehmen könnte.

Rebellen

Rebellen

Das Wort »rebellieren« bedeutet »sich widersetzen«. Ein Rebell ist jemand, der gegen Dinge kämpft, die ihm nicht passen. Wenn Jugendliche zum Beispiel andauernd Dinge tun, die ihren Eltern nicht gefallen, dann sagt man dazu: sie rebellieren gegen ihre Eltern.

Bürgerkrieg in Afghanistan:
Rebellen bekämpfen die Regierung

In der ➔ Politik steht der Begriff Rebellen für Gruppen, die mit Gewalt gegen die Regierung kämpfen. Die Rebellen finden nicht richtig, was die Regierung macht. Mit ihrem Kampf wollen sie die Regierung verjagen und selbst an die Macht kommen.
Es gibt zwei verschiedene Arten von Rebellen: diejenigen, die ein besseres Leben für alle im Land erkämpfen wollen, und andere, die einfach nur selbst an die Macht wollen.
Die einen werden von der Bevölkerung unterstützt. Die Men-

Rechtsradikalismus

R

schen im Land wollen, dass es den Rebellen zum Beispiel gelingt, eine grausame Regierung oder einen Diktator (➔ Diktator) zu verjagen. Die Leute helfen den Rebellen, geben ihnen zu essen und verstecken sie vor den Soldaten der Regierung. Rebellen, die gegen die Regierung kämpfen, weil sie einfach selbst an die Macht wollen, werden oft nicht von den Menschen im Land unterstützt. Die Leute haben sogar Angst vor ihnen, weil sie zum Beispiel Bauern überfallen, um Essen zu stehlen, oder weil sie die Leute zwingen, sich ihnen anzuschließen.

Rechtsradikalismus

Rechtsradikale, auch »Rechtsextreme« genannt, denken, dass sie und ihr Volk besser und wertvoller sind als Menschen aus anderen Ländern oder Völkern. Sie finden es nicht gut, dass alle Menschen die gleichen Rechte haben.

Viele Rechtsradikale glauben heute noch immer, dass Hitler und die Nationalsozialisten (➔ Nationalsozialismus) mit ihren Ideen Recht hatten und dass alles, was sie getan haben, in Ordnung war. Auch Hitler war ja der Meinung, dass die Deutschen über allen anderen Menschen stehen sollten. Deshalb nennt man die Rechtsradikalen auch Nazis oder Neonazis. Die Vorsilbe »neo« ist griechisch und bedeutet »neu«.
Nazis waren die Anhänger der ➔ Partei von Adolf Hitler. Ähnlich wie Adolf Hitler und Nazis vor 70 Jahren Juden und Andersdenkende verfolgt und umge-

Rechtsradikalismus

bracht haben, haben die Neonazis – also die neuen Nazis – das Ziel, alle Ausländer und Menschen, die anders denken oder sind, aus Deutschland zu vertreiben. Viele von ihnen treten bei → Demonstrationen sehr brutal auf. Sie brüllen zum Beispiel Sätze wie »Deutschland den Deutschen – Ausländer raus« und schwingen dazu ihre Fäuste. Rechtsradikale lehnen unsere → Demokratie ab. Sie sind der Überzeugung, dass ihre Meinung die einzig richtige ist und dass alle, die anders denken, Feinde oder Verräter sind. Sie akzeptieren keine andere Meinung. Sie finden, dass nur ihre Partei das Sagen haben sollte und dass Hitler damals Recht hatte, als er alle anderen Meinungen und die anderen Parteien verboten hat. Manche von ihnen wollen ihre Ideen mit Gewalt durchsetzen. Immer wieder gibt es Anschläge von Rechtsradikalen auf Ausländer, die in Deutschland leben. Bei solchen Anschlägen sind sogar schon Menschen gestorben. Neonazis greifen auch Gruppen an, die gegen Rechtsradikalismus sind und das auch laut sagen. Andere Nazis verprügeln Behinderte oder Obdachlose, weil sie finden, dass das Leben dieser Menschen nichts wert ist. Immer wieder werden Rechtsradikale wegen solcher Straftaten verurteilt und kommen ins Gefängnis.
Neonazis und andere Rechtsradikale verstoßen mit ihrer Einstellung gegen das Grundgesetz, in dem steht, dass alle Menschen gleich sind und dass niemand wegen seiner Religion, seiner Hautfarbe oder seiner Meinung schlecht behandelt werden darf.

Viele Rechtsradikale haben Glatzen – man nennt sie deshalb auch Skinheads

Deshalb überlegen einige Politiker auch, ob man die NPD (Nationaldemokratische Partei Deutschlands) – eine rechtsradikale Partei – verbieten soll. Andere sagen, dass es nichts bringt, wenn man sie verbietet. Die Mitglieder der NPD würden dann heimlich weitermachen und man könnte überhaupt nicht mehr kontrollieren, was sie als Nächstes vorhaben. Obwohl es die NPD schon seit mehr als 40 Jahren gibt, hatte sie in der → Politik bisher nicht besonders viel zu sagen. Bei Wahlen gab nur wenige Men-

Sexueller Missbrauch

schen, die der NPD ihre Stimme gegeben haben. In den vergangenen Jahren hat sich das ein wenig geändert. Vor allem im Osten von Deutschland haben mehr Menschen die NPD gewählt. Sie haben den Versprechungen der NPD geglaubt, dass sie dafür sorgen wird, dass es den Menschen in Ostdeutschland besser geht. Bei der Landtagswahl 2004 in Sachsen hat die NPD so viele Stimmen bekommen, dass sie im sächsischen Landesparlament sitzt und mitbestimmen kann, wie es mit dem Bundesland weitergeht. Über den Wahlerfolg waren viele Menschen entsetzt – in Deutschland und auch im Ausland, besonders in → Israel. Jetzt hoffen alle anderen Parteien und auch viele einzelne Menschen, dass die NPD bei den nächsten Wahlen nicht mehr so viele Stimmen bekommt und nicht mehr in den Landtag in Sachsen einziehen kann.

Sexueller Missbrauch

Es ist normal, dass erwachsene Menschen Sex miteinander haben. Sie streicheln sich dabei am ganzen Körper, auch an den Geschlechtsteilen. Sex ist eine schöne Sache, wenn beide es wollen und Spaß dabei haben. Es gibt Erwachsene, die wollen aber nicht nur Sex mit anderen Erwachsenen, sondern auch mit Kindern. Das ist aber verboten, weil Kinder körperlich noch nicht so entwickelt sind wie Erwachsene und weil es Kinder seelisch stark schädigt. Erwachsene, die es trotzdem tun, werden dafür bestraft und können dafür ins Gefängnis kommen. Wenn Erwachsene mit Kindern sexuell aktiv werden, nennt man das sexuellen Missbrauch.
Kuscheln, schmusen, sich umarmen und küssen ist völlig in Ordnung zwischen Kindern und den Erwachsenen, die die Kinder gerne mögen und lieb haben. Nicht in Ordnung ist es, wenn ein Erwachsener ein Kind so berührt, dass es dem Kind sehr unangenehm oder peinlich ist. Manchmal können die Kinder dieses unangenehme Gefühl gar nicht genau beschreiben, sie merken einfach, dass es komisch und nicht richtig ist, was da passiert.
Sexueller Missbrauch ist, wenn

Sexueller Missbrauch

ein Erwachsener Kinder dort berührt, wo sie es nicht wollen. Wenn er ihnen an den Penis oder die Scheide fasst. Oder wenn jemand Kinder zwingen will, ihn zu berühren oder mit ihm Sex zu haben.

Erwachsene, die so etwas tun, haben oft Angst, dass sie erwischt werden, und versuchen mit gemeinen Mitteln, die Kinder zum Schweigen zu bringen. Sie sagen den Kindern zum Beispiel, dass etwas sehr Schlimmes passieren wird, wenn sie mit jemandem darüber reden. Oder sie sagen, dass die Kinder daran schuld sind und schlimm bestraft werden, wenn es rauskommt. Doch das stimmt nicht!

Ganz wichtig ist, dass das Kind jemandem erzählt, was passiert ist. Das können die Eltern sein oder ein Lehrer, jemand, dem man vertraut.
Es gibt auch ein Kinder- und Jugendtelefon, wo man anrufen kann. Montags bis freitags von 15 bis 19 Uhr kann man dort mit jemandem über seine Sorgen sprechen. Die kostenlose Nummer ist: 0 800-111 0 333.

Es ist sicherer, den Schulweg gemeinsam zu gehen. Außerdem sollte man nie in ein fremdes Auto steigen

Erwachsene, die Kinder sexuell missbrauchen, können Fremde sein – leider ist es aber oft auch jemand, den das Kind gut kennt.

Sowjetunion

Sowjetunion

Das Wort »Sowjetunion« setzt sich aus dem russischen Begriff »Sowjet« und dem lateinischen Wort »unio« zusammen, das »Vereinigung« bedeutet. »Sowetjs« nannte man in Russland Gruppen von Arbeitern und Soldaten, übersetzt heißt das Wort »Räte«. Die Sowjetunion war also eine Vereinigung von verschiedenen Räten.
Zur Sowjetunion, auch UdSSR (Union der Sozialistischen Sowjetrepubliken) genannt, gehörten neben dem riesigen Russland auch mehrere Länder in Osteuropa und Nordasien.

Die Flagge der Sowjetunion

Gegründet wurde die Sowjetunion 1918 nach einer Revolution, einem Aufstand gegen die russische Regierung. Bis zur Revolution war Russland eine → Monarchie unter der Herrschaft von Zar Nikolaus II. Ein Zar ist so etwas wie ein Kaiser oder ein König. Nach dem Aufstand übernahmen die Sowjets die Macht.

In der Sowjetunion gab es zwar Wahlen, aber nur eine → Partei: die Kommunistische Partei der Sowjetunion, abgekürzt KPdSU. Sie hatte die Alleinherrschaft. Die KPdSU bestimmte über alles im Land: darüber, was die Bauern auf den Feldern anbauen sollten, wer welche Ausbildung machen sollte, was in den Schulen unterrichtet wurde und was nicht, worüber die Forscher forschen sollten, was in der Zeitung stand und was in Radio und Fernsehen gesendet wurde. Die Partei bestimmte auch über die → Wirtschaft. Es gab keine Fabrikbesitzer in der Sowjetunion, die Fabriken gehörten dem ganzen Volk und wurden vom Staat verwaltet. Die KPdSU machte Pläne für alle Fabriken, in denen festgelegt wurde, was und wie viel die Arbeiter herstellen sollten. Die Politiker der KPdSU sagten immer wieder, dass alles, was sie taten, dem Willen der Menschen in der Sowjetunion entspräche und von ihnen für richtig gehalten würde. Menschen mit einer anderen Meinung als die der Regierung wurden verfolgt und kamen in Gefängnisse.
Im → Zweiten Weltkrieg kämpften die Soldaten der Sowjetunion im Osten und die Soldaten der USA, Frankreich und Großbritannien im Westen gegen den Diktator Adolf Hitler

Sowjetunion

und die Nationalsozialisten. Hitler wurde besiegt.
Danach standen sich die Sowjetunion und die Länder des Westens aber wieder feindlich gegenüber. Die USA und ihre Verbündeten lehnten die kommunistische → Politik der Sowjetunion entschieden ab. Die KPdSU war der Meinung, dass die Menschen in den westlichen Ländern von den Fabrikbesitzern ausgebeutet werden und lehnten die Politik des Westens ab.
Weil die Siegermächte nach Kriegsende keine Einigung für einen gesamtdeutschen Friedensvertrag erzielen konnten, wurde Deutschland in zwei Staaten geteilt. In der → DDR – also in Ostdeutschland – wurde die Politik und Wirtschaft von der Sowjetunion beeinflusst, in der Bundesrepublik – also in Westdeutschland – von den USA und ihren Verbündeten.
Die Sowjetunion und die westlichen Länder, die sich zur
→ NATO zusammengeschlossen hatten, begannen Waffen anzuhäufen. Es gab ein Wettrüsten – jede Seite wollte mehr Waffen haben als die andere, um im Falle eines Krieges die andere besiegen zu können. Die Feindschaft war so groß, dass es 1962 beinahe einen Krieg mit
→ Atomwaffen gegeben hätte.

Beide Blöcke wollten sich gegenseitig immer wieder beweisen, dass ihre Politik erfolgreicher und besser ist. In der → Raumfahrt wollten beide unbedingt die Ersten sein, die Raketen ins All schicken.
1991 löste sich die Sowjetunion auf. Innerhalb der KPdSU waren Politiker an die Macht gekommen, die eine andere Politik als bisher und keine Feindschaft mit dem Westen mehr wollten. Die KPdSU verlor ihre große Macht. Die Mitgliedsländer der Sowjetunion wurden unabhängig. So auch Lettland, Estland und Litauen. Diese Länder sind
→ Demokratien geworden und seit 2004 auch Mitglieder der
→ Europäischen Union.

Staatsbesuch

Wenn sich die Staatschefs von verschiedenen Ländern etwas zu sagen haben, dann telefonieren sie, schreiben sich Briefe oder E-Mails.
So richtig gut kennen lernen kann man jemanden aber nur, wenn man sich mit ihm

Die britische Königin Elizabeth II. wird von Bundespräsident Horst Köhler empfangen

trifft. Genau darum geht es bei einem Staatsbesuch. Die Politiker wollen sich gegenseitig besser kennen lernen und dabei herausfinden, ob sie dem anderen vertrauen können und ob sie mit ihm vielleicht noch enger zusammenarbeiten möchten oder nicht.
Bei einem Staatsbesuch gibt es ein richtiges Staatsprogramm. Das denkt sich nicht jedes Mal jemand völlig neu aus. Es gibt einen festgelegten Plan, nach dem alles abläuft. Jedes Händeschütteln und jedes Winken ist genau durchgeplant. Alles muss perfekt aussehen und nichts darf schief gehen.
Einige Dinge sind bei jedem Staatsbesuch gleich:
Der Gast wird mit militärischen Ehren empfangen. Das heißt: Ein roter Teppich wird ausgerollt, auf dem der Gast und sein Gastgeber gemeinsam an Soldaten vorbeigehen. Wenn ein Staatschef als Gast in Deutschland empfangen wird, geht er neben dem Gastgeber → Bundespräsident Horst Köhler über den roten Teppich. Außerdem werden die Nationalhymnen der Länder gespielt, aus denen der Gast und der Gastgeber kommen. Diese militärischen Ehren laufen fast überall auf der Welt ähnlich ab.
Bei einem Staatsbesuch sind alle sehr höflich zueinander. Das zeigt sich auch bei den großen Abendessen, die es bei Staatsbesuchen gibt. Nichts wird bei einem solchen Staatsbankett – so heißt das Abendessen – dem Zufall überlassen. Es wird genau überlegt, welche Gäste eingeladen werden, welche Geschenke dem Staatsgast gefallen

Steuern

werden, welche Musik er wohl mag und welche Blumen am besten passen. Die Karten, auf denen die Reihenfolge der Speisen steht, werden kunstvoll gestaltet. Jeder muss sich streng an die Regeln halten, die für das Staatsbankett gelten.

Bundespräsident Horst Köhler auf Staatsbesuch in Österreich

Bei einem Staatsbesuch zeigen die Politiker einander, dass sie sich respektieren. Sie sprechen gemeinsam über ihre Länder und ihre Ideen. Wenn genügend Zeit ist, zeigt der Gastgeber seinem Staatsgast Dinge im Land, auf die er und sein Land besonders stolz sind, zum Beispiel ein Museum oder eine schöne Landschaft.
Gast bei einem Staatsbesuch zu sein, ist eine besondere Ehre.

Steuern

Jeder, der Geld verdient, muss von seinem Lohn einen Teil an den Staat abgeben. Wer mehr verdient, muss etwas mehr abgeben, die Leute mit einem kleineren Gehalt zahlen etwas weniger. Diese Abgaben heißen Steuern.
Zusätzlich zu den Steuern, die die Leute von ihrem Lohn bezahlen, gibt es auch noch andere Arten der Steuer. Wer zum Beispiel ein Auto hat, muss dafür Kfz-Steuern (Kraftfahrzeugsteuern) bezahlen, für Benzin müssen Mineralölsteuern und für Zigaretten Tabaksteuern bezahlt werden.
Es gibt eine Steuer, die bezahlen alle, die etwas kaufen – sogar Kinder: die Mehrwertsteuer.

Am 1. Januar 2007 wird die Mehrwertsteuer von 16% auf 19% erhöht

Auf jedem Kassenbon und auf jeder Rechnung findet man irgendwo die vier Buchstaben »MwSt«. Das ist die Abkürzung

Subventionen

für »Mehrwertsteuer«. Für fast alle Sachen, die im Einkaufskorb landen, bezahlt man in Deutschland eine Mehrwertsteuer. Das bedeutet: ein Teil des Geldes, das man für ein Produkt bezahlt, kommt ebenfalls in die Staatskasse.

Von den Steuergeldern, die der Finanzminister in der Staatskasse hat, werden Dinge bezahlt, die die Menschen im Staat nutzen oder brauchen: Schulen, Straßen und Schwimmbäder, die Polizei, der Umweltschutz oder die → Bundeswehr zum Beispiel. Der Staat bezahlt mit dem Geld seine Beamten, zum Beispiel die Lehrer. Auch das Kindergeld wird von den Steuergeldern bezahlt.

Subventionen

Das Wort »Subventionen« kommt von dem lateinischen Begriff »subvenire« – das bedeutet »zu Hilfe kommen«. Wenn es manchen Bereichen der → Wirtschaft nicht so gut geht, unterstützt der Staat die betroffenen Firmen mit Subventionen. Das bedeutet, dass der Staat der Wirtschaft mit Geld hilft.

Der Abbau von Steinkohle zum Beispiel wird in Deutschland subventioniert – also mit Geld vom Staat unterstützt. Weil der Abbau der Steinkohle teuer ist, viel Geld für Sicherheitsvorkehrungen in den Bergwerken ausgegeben wird und die Berg-

Subventionen

arbeiter in Deutschland einen guten Lohn bekommen, wäre die deutsche Steinkohle nämlich ohne die Hilfe vom Staat so teuer, dass sie niemand kaufen würde.

In anderen Ländern verdienen die Bergarbeiter deutlich weniger und die Besitzer der Bergwerke geben auch weniger Geld für die Sicherheit aus. So können sie ihre Steinkohle billiger verkaufen als die deutsche Steinkohle.

Also unterstützt der Staat den Abbau der Steinkohle in Deutschland mit Subventionen – das heißt mit Geld. Nur deshalb ist der Preis für deutsche Steinkohle nicht zu hoch und sie kann auch verkauft werden. Dadurch müssen die Bergwerke in Deutschland nicht geschlossen werden und die Arbeiter behalten ihren Job.

Auch Flugbenzin wird subventioniert, das bedeutet, für Flugbenzin nimmt der Staat keine → Steuern. Nur deshalb können Flugreisen so billig sein. Kleinere Flughäfen bekommen Subventionen, damit sie nicht geschlossen werden müssen. Auch dadurch gibt es dort weiterhin Arbeitsplätze.

Der Staat unterstützt Firmen mit Geld, wenn sie in einer Gegend von Deutschland einen Betrieb aufmachen, in der es viele Arbeitslose gibt. Andere Firmen bekommen Subventionen, damit die Fabrikbesitzer in Deutschland bleiben und mit ihren Fabriken nicht ins Ausland gehen. Viele Fabrikbesitzer wissen nämlich, dass sie im Ausland mehr Geld verdienen könnten, weil die Arbeiter dort weniger Lohn bekommen als in Deutschland. Wenn sie mit ihren Fabriken ins Ausland gehen, gibt es in Deutschland aber noch mehr Arbeitslose. Deshalb zahlt der Staat Geld – also Subventionen – an die Fabrikbesitzer, damit sie hier bleiben.

Nicht nur Fabriken und große Betriebe bekommen Subventionen. Auch öffentliche Einrichtungen, die viele

Terrorismus

Menschen nutzen, werden oft mit Subventionen unterstützt. So bekommt zum Beispiel ein Teil der Schwimmbäder Geld vom Staat, weil die Eintrittsgelder nicht reichen, um alle Kosten zu bezahlen, die entstehen. Manche öffentliche Bibliotheken oder Theater bekommen Geld, weil sie ohne die Hilfe vom Staat schließen müssten.

Terrorismus

Im Begriff »Terrorismus« steckt das lateinische Wort »Terror«. Übersetzt heißt das »Schrecken« oder »Furcht«.
Terroristen sind Leute, die ihre Ideen mit Gewalt durchsetzen wollen. Sie greifen entweder gezielt Menschen, Organisationen oder deren Gebäude an, die ihren Ideen im Wege stehen.

Nach einem terroristischen Anschlag in Indien

Oder sie verbreiten mit Anschlägen Angst und Schrecken, weil sie hoffen, dass sie dadurch ihre Ziele durchsetzen können. Terroristen schließen sich mit

Terrorismus

T

anderen, die das Gleiche wollen, in Gruppen zusammen. Es gibt weltweit verschiedene Terrorgruppen.
Eine von ihnen ist die → El Kaida, eine islamistische Terrorgruppe, die für die Anschläge am → 11. September 2001 in New York verantwortlich ist.
Nach dem 11. September hat die Regierung der USA dazu aufgerufen, weltweit gemeinsam gegen den Terror vorzugehen.

Überzeugung ist, dass ein Land Terroristen der El Kaida Unterschlupf gewährt, droht sie diesem Land, damit sich die Terroristen nirgendwo sicher fühlen können. Im Krieg gegen → Afghanistan ging es den USA darum, das Versteck des Anführers der El Kaida, Osama Bin Laden, zu zerstören und ihn festzunehmen. Das ist nicht gelungen.
Die Soldaten verschiedener Länder, die in Afghanistan und im → Irak stationiert sind, sollen helfen, die Leute zu entwaffnen, die Terroristen unterstützen.

Ein festgenommener Terrorist wird abgeführt

Die Polizei vieler Länder arbeitet seither zusammen, um Terroristen besser verfolgen zu können. Die Geheimdienste, insbesondere die → CIA, sollen die Terroristen finden und sie gefangen nehmen. Sie sollen auch herausfinden, was die El Kaida als nächstes plant.
Wenn die Regierung der USA der

Tierversuche

Tierversuche

Tierversuche gibt es, weil Wissenschaftler herausfinden wollen, wie Medikamente oder Kosmetik bei Menschen wirken. Tests mit Medikamenten und Inhaltsstoffen für Kosmetik können mit Menschen nicht gemacht werden, weil es sein könnte, dass die Tests schlimme Folgen für den Menschen hätten. Deshalb werden Tiere für die Tests benutzt. Die meisten Versuchstiere sind Mäuse, Ratten und Fische. Aber auch mit Affen, Hunden, Katzen, Kaninchen und anderen Tieren werden Tests durchgeführt.

Die Wissenschaftler gehen davon aus, dass manche Medikamente bei Tieren ähnlich wirken wie bei Menschen. Ihr Argument für Tierversuche ist, dass durch diese Versuche schon viele Medikamente gegen schlimme Krankheiten gefunden wurden.

Viele Leute sind trotzdem gegen Tierversuche: sie sind Tierversuchsgegner.
Sie sagen, dass man Ergebnisse aus den Tierversuchen nicht so einfach auf den Menschen übertragen kann. Sie sind der Meinung, dass es viel bessere Testmethoden als Tierversuche gibt. Eine Möglichkeit sei zum Beispiel, Menschen Blut oder kleine Proben aus der Haut zu entnehmen. Damit können dann im Labor verschiedene Tests gemacht werden. So ließe sich fast genauso viel herausfinden wie mit Tierversuchen.
Die Tierversuchsgegner sind wütend, weil sie finden, dass Versuchstiere unnötig leiden. Denn oft haben die Tiere wäh-

Treibhauseffekt

rend der Versuche Schmerzen. Meist werden sie nach dem Abschluss der Versuche getötet. Die Tierversuchsgegner kritisieren, dass viele Tiere schon vor den Versuchen leiden, weil sie in engen Käfigen sitzen und keinen Kontakt zu Artgenossen haben. Deshalb fordern die Tierversuchsgegner von der Regierung, dass die Wissenschaftler weniger Tierversuche machen dürfen. Sie verlangen, dass die Wissenschaftler nach anderen Möglichkeiten suchen und diese dann auch viel öfter anwenden.

Viele Politiker finden die Kritik der Tierversuchsgegner richtig. Deshalb haben sie beschlossen, dass in vielen Ländern in Europa ab 2009 zumindest keine Tierversuche mehr für Kosmetik gemacht werden dürfen. Bis 2009 dürfen auch nur noch neue Inhaltsstoffe für Kosmetik in Tierversuchen getestet werden.

Treibhauseffekt

In ein Treibhaus kommt die Sonnenstrahlung durch das Glas hinein, die Wärme aber nicht mehr so gut hinaus. Deshalb ist es in Treibhäusern wärmer als in der freien Natur. Forscher vergleichen die Erde und die Erdatmosphäre oft mit einem Treibhaus.

Die Erde ist umgeben von einer schützenden Hülle aus Gasen. Diese Hülle sorgt dafür, dass es auf der Erde nicht zu heiß und nicht zu kalt wird. Das funktioniert so: Die Sonnenstrahlen scheinen ungestört durch die Hülle, erreichen den Erdboden und erwärmen ihn. Ein Teil der Wärme entweicht durch die Atmosphäre zurück ins All und geht der Erde damit verloren. Ein weiterer Teil wird durch die schützende Gashülle zurückgehalten. Dieser Effekt heißt »natürlicher Treibhauseffekt« und ist wichtig für alles Leben auf der Erde, also für Menschen, für Pflanzen und Tiere. Ohne den natürlichen Treibhauseffekt wäre es auf der Erde nämlich rund 30 °C kälter und damit zu kalt für unser Leben.

Menschen verschmutzen die schützende Gashülle um die Erde, zum Beispiel durch Abgase aus Fabriken oder aus dem Straßenverkehr. Das verändert die

Treibhauseffekt

Zusammensetzung der schützenden Gashülle.
Und das hat Folgen: Durch die Abgase in der Hülle wird mehr Wärme auf der Erde zurückgehalten als durch den »natürlichen Treibhauseffekt«. Der »zusätzliche Treibhauseffekt« durch die Abgase heizt die Erde mehr auf, als gut für uns ist. Der zusätzliche Treibhauseffekt kann schlimme Folgen für die Erde haben. Die Forscher sind sich einig, dass er das Klima auf der Erde verändert, dass es zum Beispiel wärmer wird und Stürme häufiger vorkommen.

und die Küstenstädte vieler Länder im Meer versinken. Deshalb setzen sich viele Umweltschützer und auch Politiker gegen die Verschmutzung durch Abgase ein. In der japanischen Stadt Kyoto haben sie ein Protokoll zum Klimaschutz verabredet, das sogenannte
→ Kyoto-Protokoll.

Wenn das Eis am Nordpol schmilzt, wird der Lebensraum der Eisbären immer kleiner

Uneinig sind sie nur darüber, wie stark. Ein → Klimawandel wird das Leben auf der Erde sehr verändern: Pflanzen könnten nicht mehr in den Regionen wachsen, wo sie bisher zu finden sind, einzelne Tierarten könnten ganz aussterben. Wenn das Eis an den Polen schmilzt, können Inseln

UNICEF

UNICEF ist die Abkürzung für den englischen Begriff »United Nations Childrens Fund«. Auf deutsch heißt das »Kinderhilfswerk der Vereinten Nationen«. UNICEF ist also eine Organisation der ➜ UNO.
UNICEF wurde 1946 gegründet und hilft Kindern auf der ganzen Welt. Es leben nämlich mehr als eine Milliarde Jungen und Mädchen auf der Welt in Armut. UNICEF kümmert sich darum, dass diese Kinder zu essen und zu trinken bekommen, dass sie von Ärzten versorgt werden, wenn sie krank werden, und dass sie zur Schule gehen können. Außerdem versucht UNICEF zu verhindern, dass Kinder ausgebeutet und misshandelt werden.

Zur Zeit arbeiten mehr als 7.000 Menschen in 160 Ländern für UNICEF. Das Geld, das sie für ihre Arbeit brauchen, bekommen sie gespendet.

Die wichtigsten Ziele von UNICEF

Bildung für alle

Jedes sechste Kind auf der Welt geht nicht zur Schule. Die meisten von ihnen sind Mädchen. Oft sind die Familien zu arm, um ihre Kinder zur Schule zu schicken. Oder die Eltern verstehen nicht, dass man einen Schulabschluss  braucht, um später eine gute Arbeit zu finden. Manche Schulen sind überfüllt oder zu weit weg. UNICEF baut neue Schulen, bildet Lehrer aus und gibt den Schülern Bücher, Hefte und Stifte.

Hilfe gegen gefährliche Krankheiten

Jedes Jahr sterben immer noch fast 11 Millionen Kinder, bevor sie fünf Jahre alt sind. UNICEF sorgt dafür, dass Kinder gegen Krankheiten geimpft werden und dass sie Medikamente bekommen. Außerdem baut UNICEF Krankenstationen und Krankenhäuser auf, in denen die Kinder behandelt werden können. UNICEF klärt die Men-

UNICEF

schen darüber auf, wie sich Krankheiten übertragen, insbesondere → Aids.

Schutz vor Ausbeutung von Kindern

250 Millionen Kinder zwischen fünf und vierzehn Jahren auf der Welt müssen schwer arbeiten. Viele schleppen bis zu sechzehn Stunden am Tag Steine, knüpfen Teppiche oder sammeln Müll. Oft werden sie geschlagen oder misshandelt. UNICEF setzt sich dafür ein, dass diese Kinder in Sicherheit leben können und genügend Zeit haben, zur Schule zu gehen.

Es gibt mehr als 300.000 Kinder, die als Soldaten in Kriegen kämpfen müssen. Auch diesen Kindern hilft UNICEF. Zusammen mit Lehrern und Psychologen hilft UNICEF ehemaligen → Kindersoldaten, mit den schrecklichen Erfahrungen fertig zu werden, die sie im Krieg gemacht haben. Kinder, die im Krieg von ihren Eltern getrennt wurden, bringt UNICEF wieder nach Hause zurück.

In manchen Ländern werden Kinder an Erwachsene verkauft, die sie sexuell missbrauchen. UNICEF bringt sie in Sicherheit und hilft ihnen, eine Ausbildung zu machen, damit sie eine bessere Zukunft haben.

UNICEF braucht die Unterstützung von vielen Menschen. Jeder kann Geld spenden oder selbst aktiv werden. Für Kinder und Jugendliche gibt es zum Beispiel den Wettbewerb »Junior-Botschafter«. Junior-Botschafter kann jeder werden, der jünger ist als achtzehn Jahre. Die Junior-Botschafter setzen sich für die → Kinderrechte ein und wer dabei besonders erfolgreich ist, kann sogar »Junior-Botschafter des Jahres« werden. Informationen dazu gibt es im Internet unter www.junior-botschafter.de

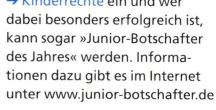

Popstar Sasha als UNICEF-Botschafter in Afrika

UNO

»UNO« ist die Abkürzung für den englischen Begriff »United Nations Organisation«. In Deutschland wird die UNO auch »Vereinte Nationen« genannt, das ist die Übersetzung des englischen Namens.

Der UNO gehören 191 Länder an – also fast alle Länder der Welt. Auch Deutschland ist Mitglied der UNO. Die Mitglieder der UNO treffen sich regelmäßig, um über Weltprobleme zu sprechen und gemeinsam Lösungen zu finden. Jedes Land, ob arm oder reich, kann seine Meinung dazu sagen und sich an den Entscheidungen beteiligen.
Gegründet wurde die UNO am 24. Oktober 1945, also vor mehr als 60 Jahren. Damals beschlossen 51 Staaten, freundschaftliche Beziehungen untereinander aufzubauen und auf den Weltfrieden zu achten. Festgehalten haben sie diesen Beschluss in der UNO-Charta. Das ist ein Vertrag, in dem die Regeln und Pflichten der Mitgliedsländer genau beschrieben sind.
Geleitet wird die UNO von einem Generalsekretär, der alle fünf Jahre neu gewählt wird. Seit 1997 ist Kofi Annan aus Ghana Generalsekretär der UNO.

Was sind die wichtigsten Ziele der UNO?

Die UNO möchte weltweit dafür sorgen, dass es Frieden und Sicherheit gibt. Leider ist es nicht überall auf der Welt friedlich. Die UNO versucht immer wieder, mit Gesprächen für Frieden zu sorgen. Eine große Rolle spielt dabei der UNO-Chef. Er versucht zwischen den Streitenden zu vermitteln und macht ihnen Vorschläge, wie sie sich friedlich einigen können.
Manchmal schickt die UNO auch Soldaten in Länder, in denen es Krieg gab. Die UNO-Soldaten heißen Blauhelmsoldaten, weil sie blaue Helme tragen. Sie sollen sich zwischen die Streitenden stellen und dafür sorgen, dass die ehemaligen Kriegsgegner nicht wieder zu kämpfen anfangen.
Die UNO hilft armen Ländern nach Naturkatastrophen wie → Erdbeben und Überschwemmungen oder versorgt bei Hungersnöten die Menschen mit Essen. Sie kümmert sich auch um Menschen, die auf der Flucht sind, also wegen Hunger oder Krieg ihre Heimat verlassen.
Die UNO und ihr Generalsekretär

UNO

setzen sich für die → Menschenrechte ein und wollen dafür sorgen, dass sie überall beachtet werden. Das bedeutet zum Beispiel, dass alle Menschen gleiche Rechte und damit auch gleiche Chancen haben sollen.

Welche Aufgaben hat der Generalsekretär?

Der UNO-Chef vertritt die UNO und vermittelt zwischen den Gegnern, wenn es irgendwo Krieg gibt. Entweder spricht er am Telefon mit den Staatschefs, die gegeneinander Krieg führen. Oder er reist direkt dorthin, um mit ihnen zu sprechen und Lösungen zu suchen.

Kofi Annan erhält den Friedensnobelpreis

Weil er sich so gut für den Frieden eingesetzt hat, haben er und die UNO im Jahr 2001 sogar den wichtigsten Friedenspreis bekommen, den Friedensnobelpreis (→ Nobelpreis).

Viele Staatschefs hören auf den Generalsekretär, weil er auf keiner Seite steht und keinen bevorzugt, also unparteiisch ist. Kofi Annan war deshalb oft sehr erfolgreich bei seinen Friedens-Vermittlungen.

Visum

Man kann sich ein Visum wie eine Eintrittskarte für ein Land vorstellen. Ein Visum für Deutschland bedeutet, dass man nach Deutschland einreisen darf. Das Visum wird mit dem Reisepass an der Grenze zu Deutschland kontrolliert.

Nicht alle, die nach Deutschland reisen wollen, brauchen ein Visum. Die meisten Länder Europas haben miteinander ein Abkommen geschlossen. Ihre Bürger dürfen ohne ein Visum und ohne Kontrolle über die Grenze in jedes europäische Land reisen, also auch nach Deutschland. Umgekehrt gilt das natürlich auch – Deutsche brauchen kein Visum für die Länder, mit denen das Abkommen gilt. Menschen aus vielen anderen Ländern der Welt kommen aber ohne Visum nicht nach Deutschland hinein. Das gilt zum Beispiel für Menschen aus der Türkei oder aus den Ländern Afrikas. Das ist so geregelt, weil man in Deutschland selbst bestimmen will, wer aus diesen Ländern einreisen darf und wie lange er bleiben kann.

Visumspflicht gibt es auch für Deutsche, die in andere Länder reisen wollen, zum Beispiel in die USA, nach Russland, Japan oder Australien. Auch für viele andere Länder außerhalb Europas brauchen Deutsche eine Aufenthaltserlaubnis – also ein Visum. Auch wenn man dort nur Urlaub machen möchte.

Um ein Visum zu bekommen, muss man vor der Einreise in ein Land einen Antrag stellen und verschiedene Dinge nachweisen: In Deutschland will man zum Beispiel wissen, was der Grund für die Reise ist, ob man eine Einladung von jemandem vorzeigen kann oder ob man einen Arbeitsplatz angeboten bekommen hat. Außerdem muss man genug Geld haben, damit man auch das Rückfahrtticket bezahlen kann. Auch wird kontrolliert, ob der Reisende von der Polizei gesucht wird oder sonst verdächtig ist. Erst wenn das alles geklärt ist, gibt es das Visum. Deutschland will mit dem Visum für Sicherheit sorgen und die Kontrolle darüber behalten, wer einreist, bei uns Urlaub macht oder hier wohnt und arbeitet. Das ist in

Wahlkampf

V/W

anderen Ländern genauso. Auch die Regierungen anderer Länder wollen kontrollieren, wer in ihr Land einreist und aus welchem Grund.

Wahlkampf

Bei jeder Wahl geht es für die → Parteien nur um eines: möglichst viele Stimmen der Wähler zu bekommen. Um die Stimmen der Wähler kämpfen die Politiker – allerdings nicht mit Fäusten. Die Wählerstimmen muss man schon anders gewinnen: Wer sich für ein Amt wählen lassen will, der muss den Wählern klar machen, warum gerade er der Beste ist. Und warum er sich besser als andere für die Wünsche der Wähler einsetzen kann.

Bei politischen Wahlen funktioniert das ähnlich wie in der Werbung. Die Parteien beauftragen sogar Werbeagenturen, die sich dann überlegen, wie der Wahlkampf aussehen soll. Dabei wird alles genau geplant. Zum Beispiel, wie die Kandidaten auf Plakaten gucken, wie sie angezogen sind und welche Farbe der Kleidung ihnen am besten steht. Die Werbeagenturen denken

Weltbank

sich auch Partei-Werbespots für das Fernsehen aus. Und auch jeder Spruch auf den vielen Plakaten, die vor einer Wahl überall hängen, soll die Wähler für die Partei gewinnen.

Und dann gibt es noch viele Wahlveranstaltungen. Die Politiker treten in vielen verschiedenen Städten auf, um für sich und ihre Partei zu werben. Sie erzählen den Wählern ihre Ideen und was sie alles für das Land und die Menschen tun wollen, wenn sie gewählt werden.
Die Parteien geben sehr viel Geld für den Wahlkampf aus. Sie alle hoffen natürlich, dass der eigene Wahlkampf der beste ist und dass sie mit ihren Ideen die meisten Stimmen bekommen werden, damit sie das Land regieren können.

Weltbank

»Weltbank«, das hört sich richtig groß und wichtig an. Und groß und wichtig ist die Weltbank tatsächlich.
Auf einer Bank hat man zum Beispiel ein Sparkonto oder die Eltern haben ihr Gehaltskonto dort. Die meisten Banken verleihen auch Geld, zum Beispiel wenn jemand ein Haus bauen möchte. Das Geld muss derjenige natürlich zurückzahlen. Aber nicht nur die geliehene Summe. Die Bank nimmt zusätzliches Geld dafür, dass sie dem Hausbauer das Geld geliehen hat. Dieses zusätzliche Geld nennt

Das Gebäude der Weltbank in Washington, USA

Weltsicherheitsrat

V/W

man Zins. Mit Zinsen kann die Bank viel Geld verdienen.
Bei der Weltbank gibt es keine Sparbücher und Konten. Die Weltbank verleiht Geld an arme Länder, damit es diesen Ländern und auch ihrer ➜ Wirtschaft besser geht.
Die armen Länder können mit dem Geld zum Beispiel Straßen bauen, um Waren zu transportieren. Oder sie können Brunnen bauen, damit die Leute sauberes Wasser haben und Obst und Gemüse anpflanzen können. Oder die Weltbank stellt Geld zur Verfügung, damit Schulen gebaut werden können. Dann haben in armen Ländern mehr Kinder die Möglichkeit, in die Schule gehen.
Die Weltbank will – wie jede andere Bank – das Geld von den armen Ländern irgendwann wieder zurückhaben – plus Zinsen. Die Gegner der Weltbank sagen, dass die armen Länder am Ende oft sehr hohe Schulden bei der Weltbank haben und alles tun müssen, was die Weltbank von ihnen verlangt, um die Schulden abzubauen. Die armen Länder geben das geliehene Geld von der Weltbank oft für Dinge aus, die für die Menschen vielleicht wichtig sind, mit denen das Land aber kein Geld verdient, um die Schulden zurückzuzahlen.

Weltsicherheitsrat

Der Weltsicherheitsrat ist ein Teil der ➜ UNO – also der Vereinten Nationen. Die Aufgabe des Weltsicherheitsrates ist es, dafür zu sorgen, dass es auf der Welt Frieden und Sicherheit gibt. Wenn sich also irgendwo auf der Welt zwei Staaten streiten und es so aussieht, als ob es für das Problem keine Lösung gibt, dann versuchen die Mitglieder des Sicherheitsrates gemeinsam eine friedliche Lösung zu finden.

Insgesamt sind immer Vertreter von fünfzehn Ländern im Weltsicherheitsrat.
Fünf Länder des Weltsicherheitsrates sind ständige Mitglieder, das heißt, sie sind dauerhaft Mitglied. Das sind: die USA, Russland, China, Großbritannien und Frankreich.

Weltsicherheitsrat

Zehn Länder im Weltsicherheitsrat sind nicht-ständige Mitglieder. Ihre Vertreter sind nur für zwei Jahre im Sicherheitsrat dabei – also nicht dauerhaft. Wenn ein Land zwei Jahre nicht-ständiges Mitglied im Weltsicherheitsrat war, wird es durch ein anderes Land ersetzt.

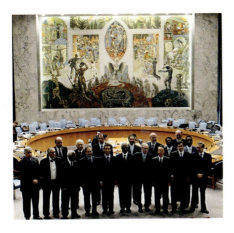

Es gibt einen großen Unterschied zwischen den ständigen und nicht-ständigen Mitgliedern. Die Stimme eines ständigen Mitgliedslandes zählt viel mehr, als die eines nicht-ständigen Mitglieds. Die ständigen Mitglieder haben ein Vetorecht. Das bedeutet: wenn ein ständiges Mitglied Nein sagt zu einem Plan des Weltsicherheitsrates, dann hilft es nichts, wenn alle anderen nicht-ständigen Mitglieder dafür sind. In solch einem Fall gilt immer das »Nein« des ständigen Mitglieds.
Einigungen sind wichtig, denn schließlich soll der Weltsicherheitsrat ja für Frieden auf der Welt sorgen. Die Mitglieder des Weltsicherheitsrates suchen gemeinsam nach einer friedlichen Lösung für Streit oder Krieg, den es auf der Welt gibt. Wenn sie einen Vorschlag haben, stimmen alle Mitglieder darüber mit »Ja« oder »Nein« ab.
Wenn der Vorschlag die Mehrheit der Stimmen bekommt – und kein ständiges Mitglied mit Nein stimmt – ist er angenommen. Dann wird ein Beschluss gefasst, also entschieden, wie der Vorschlag umgesetzt werden soll. Einen solchen Beschluss nennt man auch Resolution. Eine Resolution enthält meistens eine Liste von Forderungen an die Länder, die sich streiten, oder an einzelne Länder, die den Frieden bedrohen.
Eine Entscheidung des Weltsicherheitsrats kann auch sein, Soldaten in Länder zu schicken, die Krieg gegeneinander geführt haben. Die Soldaten sollen dann dafür sorgen, dass diese Länder nicht wieder anfangen zu kämpfen.

WHO

V/W

WHO

WHO ist die Abkürzung des englischen Begriffs »World Health Organisation« – übersetzt bedeutet das »Weltgesundheitsorganisation«. Die WHO gehört zur → UNO.

Die WHO unterstützt die Ausbildung von Ärzten, besonders in den armen Ländern der Welt, wo es nicht so viele Ärzte und Krankenhäuser gibt. Wenn Krankheiten auftreten, die sich schnell verbreiten, hilft die WHO bei der Bekämpfung dieser Krankheiten. Die WHO berät die Regierungen der armen Länder darüber, wie die Menschen im Land versorgt werden können, wenn sie krank werden.

Die WHO bringt den Menschen auch bei, wie man möglichst gesund lebt. Sie klärt zum Beispiel darüber auf, dass es für die Gesundheit wichtig ist, nur sauberes Wasser zu trinken oder dass man beim Sex Kondome benutzen sollte, um sich vor → Aids und anderen Krankheiten zu schützen.

Die WHO untersucht weltweit, wie es mit der Gesundheit der Menschen aussieht. Sie macht darauf aufmerksam, wenn es in bestimmten Regionen der Welt den Menschen schlecht geht. Dann macht die WHO Vorschläge, wie man helfen kann.

Das äthiopische Model Liya Kebede setzt sich als WHO-Botschafterin für die Organisation ein

Wirtschaft

Wirtschaft

Firmen oder Fabriken stellen Produkte her. Diese Produkte verkaufen sie dann und bekommen vom Käufer dafür Geld. Mit dem Geld werden die Rohstoffe bezahlt, aus denen die Produkte hergestellt werden. Von diesem Geld werden auch die Arbeiter und Angestellten in den Firmen und Fabriken bezahlt. Und die Fabrikbesitzer verdienen mit dem Verkauf ihr Geld.
Was in diesem Kreislauf passiert, nennt man Wirtschaft.
Zum Beispiel werden Autos in Fabriken gebaut und anschließend verkauft, nicht nur in Deutschland, sondern auf der ganzen Welt. Die Käufer der Autos bezahlen Geld an die Autofirma. Von diesem Geld werden die Arbeiter, die die Autos zusammenbauen, bezahlt. Außerdem wird das Geld benutzt, um noch bessere Autos zu entwickeln und zu bauen und die Fabrik vielleicht noch größer zu machen.

Wenn es der Wirtschaft richtig gut geht, erkennt man es zum Beispiel daran:
Die Firmen können von dem, was sie herstellen, sehr viel verkaufen und verdienen dadurch viel Geld. Damit werden die Firmen vergrößert und es wird noch mehr hergestellt und verkauft. Einige Leute gründen sogar neue Firmen, weil sie hoffen, auch gute Gewinne machen zu können. Dadurch entstehen neue Arbeitsplätze, das heißt, es gibt weniger Arbeitslose. Und die Arbeiter verdienen besser und können sich viele Dinge kaufen.
Oft hört man in den Nachrichten auch, dass es der Wirtschaft eines Landes schlecht geht, dann sieht das alles umgekehrt aus:
Die Firmen verkaufen weniger und verdienen auch weniger

Mit dem Geld werden auch die Metallteile, Kunststoffe und andere Teile für die Autos

WTO

V/W

Geld. Viele Firmen gehen sogar pleite und müssen Arbeiter entlassen. Dadurch gibt es mehr Arbeitslose. Die Leute haben weniger Geld und können sich nicht mehr so viele Dinge kaufen.

Es kann aber auch sein, dass es der Wirtschaft ganz gut geht und trotzdem viele Menschen arbeitslos sind. Es gibt immer wieder große Firmen, die überlegen, wie sie noch mehr Geld verdienen können. Eine Möglichkeit ist, dass sie mit ihren Fabriken in Länder umziehen, wo die Arbeiter sehr wenig verdienen – dadurch können die Fabrikbesitzer einen größeren Gewinn machen als in ihrem Heimatland. Die Fabriken zu Hause werden geschlossen und die Arbeiter dort werden dann arbeitslos.

WTO

»WTO« ist die Abkürzung des englischen Begriffs »World Trade Organization«. Auf deutsch heißt das »Welthandelsorganisation«.

Die WTO kontrolliert den Welthandel, also den Handel zwischen den verschiedenen Ländern der Welt. Das heißt, sie passt auf, dass es gerecht zugeht, wenn Länder sich gegenseitig Dinge abkaufen oder verkaufen. Der WTO gehören zurzeit 149 Länder an. Auch Deutschland ist dabei.

Gegründet wurde die WTO am 1. Januar 1995. Ihren Hauptsitz

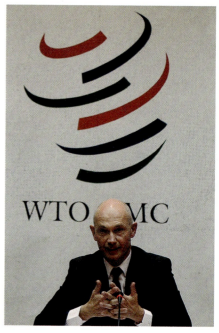

Pascal Lamy, der Chef der Welthandelsorganisation

WTO

V/W

hat sie in der Stadt Genf in der Schweiz. Das Ziel der WTO ist es, den Handel zwischen den verschiedenen Ländern zu verbessern und dafür zu sorgen, dass alle Mitgliedsstaaten die gleichen Rechte haben. Außerdem soll der Welthandel für alle die gleichen Vorteile bringen – egal, ob die Länder reich oder arm sind. Jedes Land hat seine eigenen Interessen, und gerecht finden viele den Welthandel bisher nicht. Mit jedem Treffen der Mitgliedsländer versucht die WTO, über die Probleme zu sprechen und sie – wenn möglich – zu lösen.

auszutauschen, wie man Probleme lösen könnte.
Fast immer, wenn eine Ministerkonferenz stattfindet, gibt es
→ Demonstrationen von Leuten, die nicht damit einverstanden sind, wie der Handel und die Wirtschaft weltweit geregelt sind. Sie protestieren, weil sie finden, dass die reichen und mächtigen Länder mehr Vorteile von den Regeln der WTO haben als die ärmeren und weniger mächtigen Länder.

Demonstration gegen die WTO

WTO-Konferenz in Hongkong

Das wichtigste Treffen der WTO ist die Ministerkonferenz. Sie findet alle zwei Jahre an unterschiedlichen Orten statt. Dabei treffen sich Politiker aller Mitgliedsländer, um über Handel und → Wirtschaft auf der ganzen Welt zu sprechen und um Ideen

197

Zebra

Kein Zebra sieht aus wie das andere. Die Streifen auf dem Fell sind immer unterschiedlich – man könnte auch sagen: Was der Fingerabdruck beim Menschen, sind die Streifen beim Zebra. Zebras sind also einzigartig, genau wie Gunnar, das Maskottchen von → logo!

Die Streifen dienen den Zebras als Tarnung! Viele Tiere können das schwarz-weiße Muster nicht gut erkennen – vor allem von weiter weg. Das bedeutet: bei Zebras muss man genauer hinschauen! Auch bei den Kindernachrichten lohnt es sich, genau hinzuschauen, damit man alles mitbekommt, was auf der Welt passiert.

Zebras leben in Afrika in großen Herden zusammen. Nur Gunnar nicht. Der lebt im ZDF zusammen mit den Redakteurinnen und Redakteuren von logo! – aber das sind ja auch viele.
Zebras sind fast nicht zu zähmen. Auch Gunnar ist ein Wilder und Neugieriger und passt deshalb gut zu den logo!-Nachrichten. Obwohl Gunnar ein Zebra ist, sieht er die Welt nicht schwarz-weiß. Er sieht sie so bunt, wie sie ist. Und er bekommt täglich die wichtigsten Dinge brandaktuell mit – logisch – bei logo!, den Nachrichten von A bis Zebra.

Zivilbevölkerung

Die Zivilbevölkerung eines Landes sind alle Bürgerinnen und Bürger, die keine Soldaten sind. Man nennt diese Menschen Zivilisten.

Zivilisten sind also alle Menschen, die in einem Krieg nicht kämpfen. Sie gehören keiner Armee an und tragen auch keine Uniformen. In einem Krieg dürfen Zivilisten nicht angegriffen werden, der Angriff auf Zivilisten oder ihre Tötung ist ein Kriegsverbrechen. Gegen diese Regel wird leider in vielen Kriegen verstoßen. Wenn in einem Krieg trotz des Verbots Zivilisten angegriffen werden und die Soldaten, die das getan haben, gefunden werden, kommen sie als Kriegsverbrecher vor Gericht.

In dem Wort »Zivilbevölkerung« steckt das Wort »zivil«. Das kommt aus der lateinischen Sprache von dem Wort »civilis«. Civilis bedeutet übersetzt »bürgerlich«. Wenn ein Soldat seine Uniform auszieht und ganz normale Freizeitkleidung trägt, sagt man dazu auch: »Er geht in Zivil«.

Zweiter Weltkrieg

Zweiter Weltkrieg

Ein Weltkrieg ist ein Krieg, in dem sehr viele Länder auf der ganzen Welt gegeneinander kämpfen. Zum ersten Mal gab es das im Ersten Weltkrieg von 1914 bis 1918. Der Zweite Weltkrieg dauerte in Europa vom September 1939 bis zum Mai 1945. Deutschland hat den Zweiten Weltkrieg angefangen. Damals waren in Deutschland die Nationalsozialisten an der Macht. Ihr Anführer war der Diktator Adolf Hitler. Hitler wollte, dass Deutschland zum mächtigsten Land in Europa wird. Im Jahr 1939 ließ Hitler im Radio behaupten, dass Polen Deutschland angegriffen habe. Aber das stimmte nicht. Hitler hatte es deshalb behauptet, um Argumente für einen Krieg gegen Polen zu haben. Er schickte seine Soldaten nach Polen. Das war der Anfang des Zweiten Weltkriegs.

Danach hat Adolf Hitler immer mehr Ländern den Krieg erklärt. Er wollte möglichst viele Gebiete erobern, damit Deutschland immer größer wird. Außerdem wollte Hitler, dass alle Menschen tun, was er befiehlt. In den ersten drei Jahren des Zweiten Weltkriegs haben die Nationalsozialisten große Teile von Europa erobert.

Die Alliierten kämpften gemeinsam gegen Deutschland

Im Jahr 1941 haben auch die USA in den Krieg eingegriffen. Sie wollten den Ländern in Europa im Kampf gegen Deutschland helfen. Die USA haben sich mit Frankreich, Großbritannien und der damaligen → Sowjetunion verbündet. Alliierte ist das Fremdwort für Bündnis, man nennt diese vier verbündeten Länder auch die Alliierten. Sie haben gemeinsam gegen Deutschland gekämpft.

Am 8. Mai 1945 wird in Berlin die Urkunde über die Kapitulation Deutschlands unterschrieben

Gemeinsam gelang es den Alliierten, Deutschland zu besiegen. Sie besetzten das Land mit ihren Truppen. Hitler versteckte sich zu dieser Zeit in einem unterirdischen Bunker. Als er erkannte, dass Deutschland den

Zweiter Weltkrieg

Die Stuttgarter Innenstadt 1945

tulation. Am 7. und 8. Mai 1945 wurde die Kapitulation Deutschlands unterschrieben.
Über 50 Millionen Menschen wurden im Zweiten Weltkrieg getötet. Außerdem wurden sehr viele Städte und Fabriken durch Bombenangriffe zerstört.

Kranzniederlegung an einem Mahnmal in Berlin

Krieg verloren hatte, brachte sich Hitler selbst um.
Die besiegten deutschen Soldaten haben sich ergeben. Die Verlierer unterschrieben, dass sie aufgeben. Das nennt man Kapi-

Sachregister

A
Abgeordnete   42 f., 45
Adoption   9 f., 128
Aids   **13** ff., 186, 194
Aktien   **15** f.
amnesty international   144
Antisemitismus   **17**, 124
Antiterroreinheit   102
Arbeitgeber   **18**, 97 f.
Arbeitnehmer   **18**
Arbeitslosigkeit   **19** f., 106 f.
Asyl   **21** f., 77
Atombombe   27
Atomkraftwerk   **22** ff., 28 f., 59, 74, 145
Atommüll   **24** ff.
Atomwaffen   **27** ff., 175
Autonomiegebiet   120

B
Berliner Mauer   **29**, 54, 62
Bibel   49 ff., 118, 122
Börse   15 f.
Buddhismus   **32** ff.
Bundesbank   **34** f.
Bundeskanzler   **36**, 38, 41, 43 ff., 64, 85 f., 99, 145, 155
Bundespräsident   36, **37** ff., 86, 145, 148, 176
Bundesrat   38, **40**, 42 f., 86, 101, 140
Bundesregierung   23, 36, 38 f., 41, 85 f., 106 f., 139, 140
Bundestag   36, 38 f., 40, **42** ff., 86, 89, 91, 101, 129 f., 140, 158, 162 f.
Bundestagswahl   36, 38, 43, **44** f., 91
Bundeswehr   11, **46** f., 145, 178
Bürgerkrieg   11, **48**, 115

C
Castor   25
Christentum   **49** ff., 90
CIA   **51** f., 88 181
Computerviren   **52** f.

D
Demokratie   **57** ff., 78, 99, 101 f., 115, 171, 175
Demonstration   31, 55, **59** f., 92, 108, 171, 197
Deutsche Einheit   56, **60** ff.
Deutsch-französische Freundschaft   **64** f.
Diktatur   59, **65** f., 114
D-Mark   80 f.
Doping   67

E
El Kaida   11, **69**, 90, 115, 181
Elfter September   **68**
Élysée-Vertrag   64 f.
Emissionen   70, 138
Emissionshandel   **70** f.
Erdbeben   26, **71** f., 187
Erdöl   **73** f., 157 f.
Erneuerbare Energien   **75** f., 134
EU   **76** ff., 82, 104
EU-Kommission   **78** f.
Euro   35, 77, **80** f.
Europa   14, 21, 32, 54, 76 ff., 81 ff., 128, 148, 151 f., 183, 200
Europäische Union → EU
Europäisches Parlament   82

Sachregister

F
Fair Trade 83 ff.
Filmpreis 159
Föderalismus 85 ff., 140
Folter 52, 66, **87** f., 144
Fraktion 89
Fundamentalismus 11, **90**
Fünf-Prozent-Hürde 89, **91**

G
G8 92 f.
Geheimdienst 51 f., 88, 181
Generalsekretär 187 f.
Genfer Konventionen 93 f.
Gentechnik 95 ff.
Gewerkschaft 18, **97** f.
Gleichberechtigung 99 f., 141
Greenpeace 134, 138
Grundgesetz 22, 42, 46, 60 ff., 87, 99, **101** f., 144, 171
GSG 9 102

H
Haager Übereinkommen 10
Hamas 103 f.
Handy 105 f., 122
Hartz IV 106 ff.
Hilfsorganisation 12, 133
Hinduismus 108 f.
HIV 13 f.
Holocaust 136 f., 151 f.
Homosexualität 110 ff.

I
Internationaler Gerichtshof 112 f.
Internationaler Strafgerichtshof 113 f.

Internet 19, 52, 83, 90, 121, 129, 131, 186
ISAF 11, 47
Islam 11, 68, 90, 114, **116** ff., 166
ISS **121** f., 168

J
Judentum 90, **122** ff.
Jugendparlament 83

K
Kabinett 41
Kinderarbeit 84, **124** f., 128, 131
Kinderflüchtlinge **126** f.
Kinderhandel 10, **127** f.
Kinderkommission **129** f.
Kindernachrichten **142** f., 198
Kinderrechte 127, **130** ff., 143, 186
Kinderrechtskonvention 127, 130 f., 143
Kindersoldaten **132** f., 186
Kirche, evangelische 50
Kirche, katholische 50, 111, 160 f.
Klimaschutz 134, 184
Klimawandel **134**, 137, 184
Klonen 96
Koalition 45, **135**, 158
Konzentrationslager 66, 111, **136** f., 151
Koran 90, 116 f., 166
Krieg 11 f., 21, 30, 47 f., 54 f., 59 f., 64, 70, 93 f., 104, 114 f., 119, 126, 132 f., 136, 175, 181, 186 ff., 193, 199 ff.

203

Sachregister

Kyoto-Protokoll 134, **137** ff., 184
KZ → **Konzentrationslager**

L
Landesregierung 39 f., 85 f., **139** f.
Links und Rechts in der Politik **140** ff.
logo! 131, **142** f., 198

M
Mehrwertsteuer 177 f.
Menschenrechte 52, 66, 78, 82, 88, 101, **143** f., 188
Minister 36, 41 f., **145** f.
Ministerpräsident 40
Mobbing **146** f.
Monarchie **147** f., 174
Moschee 117

N
Nationalsozialismus 102, 110, 124, 137, **149** ff.
NATO **152** f., 175
Neonazis 17, 170 f.
Nobelpreis **154** f., 188

O
Olympische Spiele **155** ff.
OPEC 74, **157** f.
Opposition **158**
Oscar **159** f.

P
Papst 50, **160** ff.
Paralympics 156 f.
Parlament 42, 78 f., 82, 130, 140

Partei 36, 38, 43, 45, 58, 89, 91, 101, 135, 158, **162** f., 165, 170 f., 174, 191
PISA-Studie **163** f.
Politik 41 f., 44, 56, 65, 86, 89, 92, 129, 135, 140, 148, 158, **165**, 169, 171, 175

R
Ramadan 117, **166** f.
Raumfahrt **167** ff., 175
Rebellen **169** f.
Rechts → **Links und Rechts in der Politik**
Rechtsextremismus → **Rechtsradikalismus**
Rechtsradikalismus **170** ff.
Regierung → **Bundesregierung, Landesregierung**
Reichspogromnacht 150
Richterskala 71

S
Schießbefehl 54 f.
Seismograph 72 f.
Selbstmordattentat 103 f.
Sexueller Missbrauch **172** f.
Siebzehnter Juni 55
Siegermächte 60 f., 175
Solarenergie 75
Staatsbesuch 37, 148, **176** f.
Staatsoberhaupt 37, 147
Steuern 145, 165, **177** f., 179
Strom 22 ff., 28, 73, 75
Subventionen **178** ff.
Synagoge 17, 122

204

Sachregister

T
Taliban   11
Terrorismus   11, **180**f.
Thora   122f.
Tierversuche   **182**f.
Treibhauseffekt   134, **183**f.
Tsunami   73

U
UNICEF   14, 127, **185**f.
UNO   47, 88, 103f., 112ff.,
   119f., 143f., 185, **187**f., 192,
   194

V
Vatikan   160
Vereinte Nationen → UNO
Verteidigungsminister   46, 69,
   145
Visum   **189**f.
Völkerrecht   112f.

W
Wahlkampf   162, **190**f.
Warschauer Pakt   153
Wehrdienst   47
Weltaidstag   15
Weltbank   **191**f.
Weltfrauentag   100
Weltsicherheitsrat   **192**f.
Weltwirtschaftsgipfel   92
WHO   22, **194**
Wiedervereinigung   63
Windenergie   76
Wirtschaft   56, 73, 77, 81, 92f.,
   141, 146, 154, 158, 174f., 178,
   192, **195**f., 196f.
WTO   **196**f.

Z
Zebra   **198**
Zivilbevölkerung   94, **199**
Zivildienst   47
Zweiter Weltkrieg   **200**f.
Zwischenlager   25f.

Länderregister

Afghanistan **11**f., 46f., 181
Algerien   74, 157
Amerika → USA
Angola   48
Australien   144, 189
Belgien   77, 80, 121, 152
Benin   128
Birma   32
Brasilien   121
Brunei   148
Bulgarien   78, 152
China   28, 32, 192
Dänemark   77, 121, 152
DDR   29ff., **54**ff., 60, 62f., 175
Deutsche Demokratische Republik → DDR
Deutschland   9ff., 14, 17, 19ff., 29f., 32, 34ff., 40ff., 45ff., 54ff., 58, 60ff., 64, 72, 77, 80, 85ff., 91f., 96f., 99, 101f., 105f., 108, 110f., 114, 118, 121f., 126f., 129f., 135f., 139, 144f., 148ff., 162, 164, 167, 171f., 175f., 178f., 187, 189, 195f., 200
England → Großbritannien
Estland   77, 152, 175
Finnland   77, 80, 164
Frankreich   25, 28f., 54, 60f., 64, 77, 80, 92, 121, 152, 174, 192, 299
Ghana   187
Griechenland   77, 80, 152, 155f.
Großbritannien   54, 105, 156, 174, 200
Holland → Niederlande
Indien   28, 32, 100, 108
Indonesien   74, 157
Irak   74, **114**f., 157, 181
Iran   28, 71, 74, 114, 157
Irland   77, 80
Island   152
Israel   28, 103f., **118**ff., 172
Italien   77, 80, 92, 121, 152
Japan   32, 92, 121, 144, 189
Jordanien   114
Kanada   92, 121, 152
Katar   74, 157
Kosovo   46
Kuwait   74, 114, 157
Lettland   77, 152, 175
Libyen   74, 157
Litauen   77, 152, 175
Luxemburg   77, 80, 82, 152
Malta   77
Niederlande   77, 121, 152
Nigeria   74, 157
Nordkorea   66, 144
Norwegen   121, 152
Österreich   77, 80
Pakistan   28, 72
Palästina   40, 118f.
Polen   77, 134, 137, 152, 184, 200
Portugal   77, 79f., 152
Rumänien   78, 152
Russland   27, 74, 92, 104, 121, 138, 168, 174, 189, 192
Saudi-Arabien   148, 157
Schweden   77, 121, 154
Schweiz   99, 121, 197
Slowakei   77, 152
Slowenien   77, 152
Sowjetunion   30, 54, 56, 60ff., 167f. **174**f., 200
Spanien   77, 80, 121, 148, 152

Personenregister

Syrien 114
Thailand 32
Togo 128
Tschechische Republik 77, 152
Türkei 78, 114, 152, 189
UdSSR 174
Ungarn 77, 152
USA 11, 27, 29f., 51, 54f., 60f., 68ff., 73, 88, 92, 104, 114f., 121, 128, 131, 138f., 152f., 167f., 174f., 181, 189, 192, 200
Usbekistan 46
Vatikan 160
Venezuela 74, 157
Vereinigte Arabische Emirate 74, 157
Vietnam 32
Zypern 77

Personenregister

Abbas, Mahmud 120
Adenauer, Konrad 62, 64
al-Zarqawi, Abu Musab 115
Annan, Kofi 187f.
Arafat, Jassir 120
Armstrong, Neil 168
Barroso, José Manuel 79
Bin Laden, Osama 11, 90, 181
Brandt, Willy 155
Bush, George 11, 138
de Gaulle, Charles 64
Elizabeth II. 147, 176
Gagarin, Juri 168
Gautama, Siddharta 33
Hartz, Peter 106ff.
Hitler, Adolf 17, 54, 66, 118, 124, 136f., 149ff., 170, 174f., 200f.
Hussein, Saddam 66, 114f.
Jesus Christus 49ff., 118, 160
Juan Carlos 80
Kohl, Helmut 36f.
Köhler, Horst 37, 176
Luther, Martin 50
Luxemburg, Rosa 141
Merkel, Angela 36
Nobel, Alfred 154f.
Putin, Wladimir 138
Ratzinger, Joseph 161
Richter, Charles 71f.
Schröder, Gerhard 36
Weber, Axel 35
Wilhelm II. 141

Bildnachweis
Fotos: dpa/Picture-Alliance
Graphiken: ZDF Enterprises